잘못된 자기주도학습이 아이를 망친다

잘못된
자기주도학습이
아이를 망친다

김성태 지음

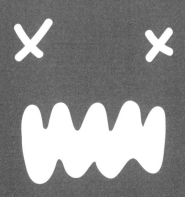

이지북
EZbook

성적 때문에 자신의 꿈을
포기하지 않아도 되는 세상을 위하여

차례

Part 2.
이제는 자기조절학습이다

Part 3.
반드시 성적이 오르는 자기조절학습 성공 전략

왜 자기주도학습은
그렇게 어려운가?

　내가 학습법에 관심을 두기 시작한 것은 정확히 2010년 9월 말경이었다. 당시 나는 대치동에서 수학 전문학원을 운영하고 있었다. 2학기 중간고사 시험 준비를 시작하는 햇살이 따스했던 어느 주말 오후, 학생들은 학원 자습실에 모여 저마다의 시험 공부를 하고, 나는 자습실 이곳저곳을 돌아다니며 학생들이 어떻게 공부하고 있는지 살피고 있었다.

　마침 얼마 전까지 내가 가르치던 어떤 학생도 열심히 공부하고 있었다. 그 모습을 가만히 지켜보다가 문득 그 학생이 내가 학창시절에 공부했던 방법과는 조금 다른 방법으로 공부하는 것을 발견했다. 그래서 내가 사용했던 수학 공부법 한 가지를 알려주었다.

그 학생은 이후에도 가끔 나를 찾아와서 다른 몇 가지 공부법을 배워 갔고, 시험 공부를 하는 4주 동안 자신의 공부 방법에 이상이 없는지 종종 중간 점검을 받았다. 그리고 놀라운 일이 일어났다. 1학기 내내 평균 80점 중반 정도의 점수를 받았던 그 학생이 97점을 받은 것이다. 나는 그날, 공부 시간이나 양보다 어떻게 공부하느냐가 더 중요하다는 사실을 깨달았다.

그 이후 나는 더 많은 아이들에게 올바른 수학 공부법을 알려주기 위해 주기적으로 '수학 공부법 특강'을 열었다. 특강이 진행될수록 아이들의 수학 성적은 눈에 띄게 오르기 시작했고, 우리 학원에 다니는 학생 숫자는 늘어갔다.

나는 이 내용을 정리해서 책으로 출간해야겠다고 결심했다. 그런데 원고를 어느 정도 완성한 어느 날 문득 이런 생각이 들었다. '내가 옳다고 믿는 방법이 정말 모두에게 효과가 있을까?' 나는 이런 의문을 해소하기 위해 서점으로 달려갔고, 당시 서점에서 판매하고 있던 수학 공부법 책을 있는 대로 구입해서 빠르게 읽어보았다. 마지막에 남은 책은 대부분 대학 교수이거나, 교육 현장에서 오랜 기간 동안 아이들을 가르쳤던 선생님이 쓴 책이었다. 특히 대학 교수가 쓴 책은 학습과 관련된 다양한 논문과 이론을 통해 '진짜 성적이 오르는 공부법'을 소개하고 있었다.

나는 이런 책을 읽으며 한편으론 내가 옳다고 믿고 있던 방법이 틀리지 않았다는 안도감과 함께, 경험적으로 알고 있던 방법들이 수많은 연구자들에 의해 연구되고 이론으로 정립되어 있다는 사실을 알게 되었다. 더 공부하고 싶다는 생각이 들었다. 그래서 늦은 나이에 모교로 돌아가 교육학 석사학위를 받았고, 박사과정에 진학하여 지금까지 '학습'과 관련한 연구를 이어가고 있다.

자기주도학습 열풍 속의 민낯을 마주하다

언젠가부터 자기주도학습이 올바른 학습의 대명사가 되면서 몇 가지 오해도 생겨났다. 바람직한 공부를 이야기할 때 빠지지 않는 핵심 키워드로 자리잡은 자기주도학습의 중요성을 강조하는 여러 책에서는 한결같이 자기주도학습의 성공담을 소개하고 있다. 자기주도학습을 성공적으로 완수했다고 하는 이런 학생들은 하나같이 모두 "교과서와 학교 수업을 충실히 공부했다." "사교육은 꼭 필요할 때만 받았다."라고 말한다.

물론 자기주도학습 능력은 미래의 인재에게 꼭 필요한 역량이며 지식 정보화 사회를 살아가는 모든 이에게 필요한 능력이다. 따라서 학생들이 자기주도학습 역량을 키울 수 있는 좋은 프로그램을 개발하고 그 결과 실제로 학생들의 자기주도학습 역량이 높아질 수 있다면 더없이 좋을 것이다. 만약 그렇게만 된다면 학습 격차 등 교육과 관련된 많은 문제는 사라질 것이며, 미래 사회는 그만큼 밝아질 것이다. 자기주도학습 역량을 높여주는 교육은 모두가 동의하는 이상적인 교육 방향인 동시에 우리 시대의 교육자가 해결해야 하는 과제이다.

하지만 지난 20여 년 동안 청소년의 자기주도학습 역량을 높여주기 위한 다양한 시도는 뚜렷한 성과를 나타내지 못했고, 그동안 자기주도적이지 못한 학생들은 작은 실패를 반복해야 했다. 그러는 동안 자기주도학습의 개념은 왜곡되기 시작하면서 잘못된 자기주도학습이 유행처럼 번져나갔다.

불행히도 잘못된 자기주도학습 때문에 피해를 보는 것은 자기주도적이지 못한 우리 아이들이었다. 스스로 공부하는 것이 어려운 아이들은 치열한 입시 환경에서 무엇인가 뒤처지는 느낌을 지우기 어렵다. 자기주도학습과 관련한 몇몇 성공담은 아직 자기주도력이 없는 아이들에게 '나는 안 되는구나'라는 불필요한 패배감을 남길 수 있다. 당장 어떻게 공부를 해야 하는지 모르는 학생에게, 혼자 공부하려면 무엇부터 해야 하는지 감이 오지 않는 아이들에게 자기주도적으로 공부하라고 하는 것은 어쩌면 폭력일 수 있다.

자기주도학습은 적당한 의지와 노력을 갖춘다고 누구나 할 수 있는 것은 아니다. 그럼에도 불구하고 주변에서는 최상위권 학생들의 자기주도적인 학습을 모방해야 한다고 강조한다. 하지만 이미 벌어진 격차를 줄이기 위해서는 그들과 똑같은 길을 가는 것은 승산이 없다. 1등에게는 1등의 전략이 필요하듯이 2등에게는 2등의 전략이 필요하다. 그리고 대부분의 아이들에게는 이 '공부의 지름길'이 필요하다.

진정한 자기주도학습자가 되기 위해
지금 필요한 것

훌륭한 선수에게도 훌륭한 코치가 필요하다. 그리고 학생들이 학교에서 배우게 되는 주요 교과목을 학습할 때에도 교사의 도움은 당연히 필요하다. 대부분의 교사는 아이들을 가르칠 수 있는 자격을 갖추기 위해 오랫동안 교육학의 다양한 분야를 공부했고, 교육 현장에서 수많은 아이들을 지도하며 쌓아온 노하우로 지금 우리 아이가 어떻게 공부해야 하는지 해결책을 줄 수 있는 교육 전문가이다. 교사뿐만 아니라 사교육 현장에서 활약하고 있는 많은 강사들 또한 마찬가지다. 따라서 공부를 잘하든 그렇지 않든, 모든 학생들은 전문가의 도움을 적절하게 받으며 올바른 공부법으로 자신의 공부를 이어나가야 한다. 이 것이 성적을 올려주는 공부의 지름길이다.

한 가지 희망적인 것은 자기주도학습역량은 인간의 발달 과정으로 볼 수 있다는 것이다. 고등학교를 졸업하고 어른이 되어가면서 누구나 자신의 인생에 대해 스스로 책임져야 하는 시기가 온다. 많은 것을 스스로 선택해야 하고 그 결과가 혹여 잘못되더라도 누구를 탓할 수 없다. 해야 할 것을 하지 못해서, 혹은 하지 않아서 크고 작은 실패를 맞이하게 되고, 그에 대한 책임을 혹독하게 져야 한다. 그런 과정에서 자신의 삶을 제대로 살기 위해서 스스로 무엇인가를 배워야 한다는 생각을 갖게 되고, 스스로 공부하기 시작한다.

어쩌면 인간은 자신의 삶에 대한 책임, 자신의 선택에 대한 책임을 지게 되면서 드디어 스스로 공부하는 자기주도적인 학습자가 되는 것은 아닐까? 만약 이러한 관점을 받아들인다면 지금의 청소년기를 보내고 있는 학생들에게 자기주도학습 역량이 부족하다고 해도 그리 큰 문제가 되지 않는다. 당장은 선생님의 도움을 받으며 공부할 수 있는 기회가 있기 때문이다.

이 책은 이러한 관점에서 쓰기 시작했다. 혹여 자기주도학습이 어렵다고 해도 좋은 성적을 받을 수 있는 방법을 알려주고 싶었다. 그리고 이 방법은 지난 130년간 이어져온 '학습'에 대한 연구와 40년이 넘는 인지심리학 및 인지과학 연구, 그리고 최근에 성과를 거두고 있는 뇌 과학 연구로 다시 한 번 입증된 학습 이론임을 소개하고 싶었다. 그래서 나는 의지만 있다면 누구나 따라 할 수 있는, 성적이 오르는 공부의 지름길을 이 책에 담았다.

부디 이 책이 성적 때문에 고민하는 아이들과 그들의 부모들께 작은 등대와 같이 올바른 방향을 제시할 수 있길 바란다.

— 김성태

감사의 말

출판을 앞두고 원고를 교정할 때 즈음이면 감사한 분들이 떠오릅니다. 그분들께 특별히, 많은 분들이 보시는 책 앞부분의 지면을 빌려 감사의 말씀을 진하게 전하고 싶습니다.

먼저 이 책을 쓸 수 있도록 좋은 질문을 해주신 천재교육 김성규 부장님과 정준 팀장님, 부족한 글이 세상에 나올 수 있도록 아낌없는 도움을 주신 이지북출판사의 배주영 주간님, 박진희 부장님, 이현지 에디터님께 감사의 말씀을 전합니다. 아직까지 부족함이 많기에 책을 쓴다는 것은 방학 숙제와 같아 아무리 마음을 굳게 잡아도 좀처럼 원고를 완성하는 것이 쉽지 않은데, 여러분들 덕분에 그 숙제를 마무리할 수 있었습니다.

그리고 책을 쓴다고 회사 일을 뒷전으로 미루는 바람에 일이 더 많아진 에이블에듀케이션 박서예 부대표님과 이기홍 상무님, 김윤선 실장님, 정은비 과장님, 오소윤 주임님, 백경채 사원님, 강현민 박사님, 그 밖의 에이블 가족 여러분께 감사의 말씀을 전합니다. 2021년 한 해는 에이블에듀케이션이 세계로 뻗어나가는 원년이 될 것입니다. 올 한 해 일이 많아지겠지만, 우리의 꿈이 이루어진다면 세상의 많은 아이들의 미래가 밝아질 것이라 확신합니다.

마지막으로 사랑하는 어머님과 누나 같은 동생 성애, 그리고 하늘에 별이 되어 항상 함께 해주시는 존경하는 아버님께 온 마음을 담아 감사드립니다. 만약 다음 생이 있다면 동생과 함께 어머님과 아버님의 자랑스러운 아들로 다시 태어나, 다음 생에서도 세상에 이로운 사람이 될 수 있도록 열심히 살겠습니다.

감사합니다.

Part 1.

—

우리가 알고 있던
자기주도학습은 틀렸다

이 장에서는 '자기주도학습이 잘 안 되는 이유'를 조목조목 짚어본다. 막연히 '자기주도학습'에 대한 환상을 가지고 아이들을 다그칠 것이 아니라, 아이에게 진짜 필요한 '자기주도'가 무엇인지에 대한 이해가 선행되어야만 아이에게 불필요한 열패감을 주지 않으면서 효과적으로 성적을 높이는 공부를 하게 할 수 있다. 조금 딱딱할 수 있지만 아이에게 자기주도학습이 왜 어려울 수밖에 없는 학습법인지를 이해하기 위해 반드시 짚어야 하는 내용들을 담았다.

자기주도학습에 대한
치명적인 오해

자기주도학습,
내 아이만 안 되나?

    혹시 이 책을 읽는 독자들 중 '자기주도학습'이라는 말을 들어본 적이 없는 사람이 있을까? 아마 없을 것이다. 이 말을 들으면 어떤 기분이 드는가? 걱정? 불안? 설마 "우리 아이는 자기주도학습을 잘해서 걱정 없어."라고 생각하는 사람이 있는가?

    단언하건대 없을 것이다.

    오히려 이런 말이 더 자연스럽다.

    "우리 아이는 시키지 않으면 도무지 공부할 생각을 안 해서 걱정이야."

    "우리 학교 전교1등하는 그 애는 자기주도학습을 너무 잘해서 공부하라는 소리를 할 필요가 없대."

자기주도학습이 우리나라 교육계에 주요한 화두로 자리잡은 지 20년. 이제 자기주도학습이라는 말을 모르는 사람은 없다. 아이들을 지도하는 교육계 종사자, 학부모, 학생을 가리지 않고 그 필요성은 모두가 공감하고 있다고 해도 과언이 아니며, 코로나19로 인한 팬데믹으로 '스스로 하는 공부법'에 대한 필요성은 더욱 증가하고 있다.

그런데 잠깐. 우리가 생각하는 '스스로 공부하는 학습법'이 자기주도학습이 맞을까? 현장에서 생각하는 '자기주도학습'에 대해 들어보자.

"장기적으로 보면 자기주도학습 능력이 뛰어난 학생들은 자기가 원하는 게 뭔지 잘 알고, 성적도 좋아요. 특히 요즘 학생들은 사교육에 많이 의존하는데, 이런 학생들을 보면 사실 걱정이 좀 됩니다. 학원에서 단기적으로 점수를 확 올리기 위해 하는 공부법에 익숙해져 있으면 나중에 성인이 돼서 정말 자기가 필요한 공부를 해야 할 때도 그런 외부의 도움 없이는 하기 힘들겠다는 생각이 들어요. 그래서 학교에서 자기주도학습 습관을 들이는 게 중요하다고 생각합니다."
_S중학교 영어 교사

"제가 늘 아이들에게 이런 이야기를 해요. 공부는 결국 마라톤이라고요. 스스로 공부하면서 모르는 것을 알아가는 과정이 바로 공부이고, 그 과정에서 기쁨을 느낄 수 있습니다. 이런 의미에서 자기주도학습이 필요하다고 생각합니다."

_A고등학교 교장

"공부라는 게 억지로 시켜서 되는 건 아니잖아요. 아이 스스로 뭐가 되고 싶은지 알고, 그것을 이루기 위해 어떤 공부를 어떻게 해야 하는지를 스스로 생각해서 계획을 세우고 실행하는 게 필요하지 않을까요? 그래서 자기주도학습이 필요한 것 같아요."

_B고등학교 학부모

"주변의 공부 잘하는 친구들을 보면 선생님이 말씀하신 '자기주도학습'을 하는 것 같아요. 선생님도, 부모님도 자기주도학습이 중요하다고 강조하고, 좋은 성적을 받기 위해서는 자기주도학습이 맞다고 생각해요. 그게 잘 안 되는 게 답답할 뿐이죠."

_D중학교 1학년 학생

이처럼 교사와 학부모, 학생 모두 '자기주도학습'이 필요함을 절실히 인식하고 있다. 궁극적으로 공부란 다른 사람이 대신해 줄 수 없는 학습자 자신의 몫이기 때문에 스스로 공부 방법을 터득할 필요가 있다는 것이다. 또 대부분 학원은 문제풀이 위주의 교육을 하기 때문에 스스로 공부하는 방법을 터득하는 데는 별 도움이 되지 않는다고 한목소리로 지적하기도 했다.

요약하자면, 한국의 교사와 학부모, 학생은 첫째, 자기주도학습을 통해 사고력 및 문제해결 능력을 발달시킬 수 있기 때문에 자기주도학습 능력이 필요하고, 둘째, 학습을 잘하기 위해서는 교사나 사교육에 의존하기보다는 학생 스스로 계획하고 자신의 학습 과정을 점검할 수 있는 능력이 필요하다고 생각하고 있었다.

마음처럼 안 되는 자기주도학습

이처럼 청소년의 학습에 있어 '공부의 정석'처럼 간주되는 학습법이 바로 자기주도학습이다. 그러나 정작 우리 아이는 왠지 자기주도학습을 못하고 있는 것 같지 않은가? 실제로 '학원 안 다니고 교과서 위주로 공부했어요'라는, 언론에 공개된 몇몇 학생들을 제외하고는 '자기주도학습을 잘하는 아이들'은 주변에서 쉽게 찾아보기 힘들다.

내가 14년 전부터 대치동의 많은 학부모와 자녀의 학습 상담을 하면서 가장 자주 들었던 말 중 하나도 '우리 아이는 혼자 공부하는 게 힘들어요'였다.

"우리 아이는 10분을 앉아 있질 못해요."

"우리 아이는 머리는 좋은데 집중력이 약해서……?"

"어려서는 공부에 흥미도 보이고 제법 스스로 공부를 하기도 했는데 언제부턴가 자기가 하고 싶은 것만 하려고 하고 통 스스로 공부하려는 생각을 안 해요. 학원 가기 전에 마지못해 하는 숙제가 전부예요."

"특히 수학은 기본적인 개념 공부까지는 괜찮은데 문제가 조금만 어려워도 쉽게 포기해버려요. 혼자서는 문제를 풀려고 하질 않아요."

"우리 아이는 영어는 혼자 곧잘 하는데, 다른 과목은 자기주도학습이 잘 안 되나 봐요."

자기주도학습이 유행처럼 번져나가면서 너도나도 해야 하는 것으로 인식되고, 많은 학생과 학부모가 자기주도학습을 시도했다. 학원 강사와 교사뿐만 아니라 정부 차원에서도 청소년의 자기주도학습 능력을 키워주기 위해 수많은 예산을 투입해 각종 연구와 수업 모형을 개발하고, 학교에 적용하기 위해 노력했다.

하지만 그 결과는 어떤가? 대부분 실패했다. 여전히 '자기주도학습'을 성취했다는 학생은 눈 씻고 봐도 찾아보기 힘들고, 아이들은 여전히 자기주도학습이 어렵고, 학부모는 자기주도학습을 생각하면 내 아이만 안 된다는 생각에 가슴이 답답하다. 코로나19로 학습 환경이 바뀌고 학습 격차에 대한 위기감이 커져가는 만큼 자기주도학습의 중요성도 커지는 것 같은데, 실상은 맘처럼 되지 않는 것이다.

아이 탓을 하기 전에 던져야 할 질문

이렇게 자기주도학습이 잘 안 되는 이유는 무엇일까? 의지력이 약해서? 집중력이 떨어져서? 아니면 공부에 흥미가 없어서? 어쩌면 이 모든 이유 때문인가? 어쨌든 아무래도 '본인 탓'인 것만 같으니, 학원, 코칭 센터, 캠프, 방과후 프로그램 등 자기주도학습을 할 수 있도록 도와주기 위한 노력은 오늘도 계속된다.

그런데 여기서 한 가지 묻고 싶다. 정말 학생들이 자기주도학습을 못하는 게 학생 탓일까?

이 질문에 대한 답은 조금만 생각해도 그렇지 않다는 것을 쉽게 알 수 있다. 대부분의 어른조차 자기주도학습에 실패했던 경험이 많기 때문이다. 지금의 어른들이 학교 다닐 때를 떠올릴 필요도 없다. 지금 이 책을 읽고 있는 부모 혹은 교사인 여러분도 최근 무엇인가를 배워야겠다고 다짐한 경험이 있을 것이다. 외국어일 수도 있고, 악기일 수도 있고, 동영상 편집 같은 기술일 수도 있고, 자격증을 따려고 마음먹었을 수도 있다. 그런데 결과는 어땠는가?

학부모 대상의 강연에서 나는 가끔 이런 (뼈 있는) 농담을 던지곤 한다.

> "우리 아이가 SKY 정도는 갔으면 좋겠는데 성적은 그렇지 않아서 답답하시죠? 만약 자녀가 SKY에 가길 바란다면 아이에게 가라고 하지 말고 어머님 혹은 아버님이 직접 지금부터 1~2년 공부해서 합격해보세요. 아이를 통해 자신의 꿈을 이루려 하지 마시고, 직접 하시면 돼요. 그렇게 마음만 먹으면 될 것 같다면요. 아휴, 생각만 해도 끔찍하시죠?"

어쩌면 우리는 아이들에게 불가능한 걸 강요한 것은 아니었을까? 아니, 질문을 바꿔보자. 자기주도학습만이 공부의 정석일까? 자기주도학습이 안 되면 좋은 성적을 못 받는 걸까? 아니, 그 전에, 조금 더 근본적인 질문을 해보자.

대체 자기주도학습이 뭘까?

자기주도학습 능력자는
새로운 인재상이다?

●

●

●

2009년 한국교육과정평가원에서 조사한 자료[1]에 따르면, 교사들은 모두 자기주도학습의 중요성에 공감했으며, 학생들이 자기주도학습 능력을 키우는 것이 반드시 필요하다고 응답했다. 특히 교사가 일방적으로 가르치는 방식은 학생들에게 완벽하게 전달되기 힘들며, 이런 방식이 학생들을 변화시키는 것에는 한계가 있다고 생각했다. 더 나아가 학습은 결국 학생 스스로 하는 것이며, 상급 학년으로 올라갈수록 자기주도학습이 더 필요하다고도 말했다. 교사의 50.7퍼센트는 미래 사회는 학습자의 자기주도학습 능력을 필요로 한다고 예측했고, 이 조사 결과 교사들은 자기주도학습 능력이 학교 성적을 높이는 데 도움이 된다고 판단하고 있다는 것을 알 수 있다.

우리나라에서 자기주도학습이 거론되기 시작한 것은 1997년 7차 교육과정 개편 때부터다. 공교육에서 자기주도학습의 중요성이 처음으로 언급된 때다. 2009년에 도입된 '입학사정관제도'와 2010년 특목고와 자사고 입시에 도입된 '자기주도학습전형'은 공교육에서 자기주도학습을 얼마나 중요하게 생각하는지를 보여주는 흐름이기도 하다.[2]

이와 함께 너도나도 자기주도학습을 해야 한다는 인식이 퍼져나가기 시작했다. 최상위권 고등학교나 대학을 가기 위해서는 자기주도학습 능력이 중요하다는 논리가 만들어진 것이다. 이후 자기주도학습은 2017년 초등학교 1~2학년부터 적용되기 시작하여 2020년 모든 학년에 적용된 '2015 교육과정 개편'까지 지속적으로 강조되고 있다. 학교 교육 영역에 다양한 자기주도학습을 구현하고 학생들의 자기주도학습 역량을 키우기 위한 다양한 전략들이 제안되기 시작된 것이다.[3] 이를테면 학습 계약법(learning contract)[4]의 활용이나 관련된 인성 특성 함양 프로그램의 도입,[5] 그리고 학습자의 자기주도준비도(self-directed learning readiness) 수준에 부합하는 교수 방식을 처방[6]함으로써 자기주도학습을 구현하려는 방안 등이 그것이다.

지식 정보화 시대, 4차산업혁명은
자기주도형 인재를 요구한다

사실 초중고 교과과정에 포함된 자기주도학습과 관련된 내용은 국어, 영어, 수학 과목에서 좋은 성적을 받는 것과는 거리가 멀다. 이를테면 창의적 체험활동을 통해 학생의 자기주도학습 능력을 신장시킨다는 것이 그것이다. 자기주도학습 전형 역시 교과지식을 묻는 형태의 구술면접을 금지하고 경시대회나 인증시험 등 선행학습 유발 요소를 배제한다고 명시하고 있다.

그런데 대부분의 학생과 학부모, 심지어 교육 관계자들이 자기주도학습을 초중고에서 주요 교과목을 학습하는 것에 확대 적용하고 있는 건 도대체 어떻게 된 현상인가? 나는 이 오해 때문에 자기주도학습이 '최상위권 도약을 위한 공부의 정석'으로 자리잡게 된 것이라고 믿는다.

1990년대를 지나면서 인터넷은 빠르게 발전했고 이와 함께 사회도 급격한 발전이 이루어졌다. 불과 몇 년 만에 필요한 모든 지식과 정보를 시간과 장소에 구애받지 않고 찾아볼 수 있는 '지식 정보화 시대'로 접어든 것이다.

시대가 바뀌면서 자연스럽게 사회에서 요구하는 인재상도 변화하게 되었다. 지식 기반 사회에서는 현실의 다양한 문제를 해결하기 위해 필요한 정보를 스스로 탐색하고 분석하며 종합할 수 있는 '자기주도학습 능력'이 우수한 인재가 요구된다는 인식이 생겨난 것이다. 이처럼 특정 교육기관이나 교수자에 의존해 수행되던 전통적인 방식의 학습 대신 학습자 스스로 자신의 필요와 결정에 따라 자율적으로 학습을 수행하는 자기주도학습이 지식 정보화 시대가 요구하는 새로운 형태의 학습으로 기대되는 것은 매우 자연스러운 현상이라고 할 수 있다.[7]

지식 정보화 시대의 인재는 자신에게 필요한 지식이 무엇인지, 그 지식을 어떻게 학습할 것인지를 파악하고, 자발적 의지와 자율적 학습 계획에 따라 활용 가능한 자원을 탐색하며, 적절한 학습 전략을 활용하여 학습을 진행할 수 있는 능력을 개발할 수 있는 '자기주도학습 역량'이 필요하다는 논리다. 이렇게 시대의 변화에 따라 인재상 또한 달라졌으니 학교 교육도 이에 맞춰 변화해야 한다고 생각하는 것은 자연스러운 현상일 것이다.

뒤에 자세히 살펴보겠지만, 1960년대 후반 성인교육과 관련해 처음 논의되기 시작한 자기주도학습이 1980년대 후반부터 대학을 비롯한 교육기관과 청소년 학습에까지 그 영향력을 넓힌 것은 이러한 흐름에서였다.[8]

OECD, DeSeCo 프로젝트와 자기주도학습

자기주도학습을 공교육에 반영하려는 시도는 우리나라에서만 이루어진 것은 아니다. 특히 OECD(경제협력개발기구)를 중심으로 이와 관련된 본격적인 논의가 이루어졌다. OECD는 1995년부터 2003년까지 진행된 DeSeCo(Definition and Selection of Key Competencies, 생애핵심역량) 프로젝트를 통해 '급변하는 21세기 사회에서 학교는 무엇을 중심으로 학생을 가르쳐야 하며, 학생이 어떤 사람이 되도록 해야 하는가?'라는 문제의 답을 찾고자 했다. 그리고 이에 대한 답으로 시대의 변화에 따라 미래에 필요한 역량을 키워주는 '역량 중심 교육'을 제시했다.

여기에서 '역량(Competence)'이란 지식과 기술뿐만 아니라 개인의 태도, 가치, 동기 등과 같은 심리사회적 지원을 이용하여 특정 맥락의 복잡한 요구에 대처하는 능력을 가리킨다.[9] OECD는 삶에 필요한 수많은 역량 중 경제적·사회적 목적에 부합하는 혜택을 제공하며, 삶의 다양한 맥락에 적용되며, 모든 사람에게 필요한 역량을 '핵심 역량(Key competencies)'으로 규정했다. 그리고 이를 바탕으로 청소년과 성인의 역량 수준을 국제적으로 비교, 측정하는 조사에 개념적 틀을 제공했는데, 2000년부터 시행되고 있는 'PISA 국제학업성취도평가 (Programme for International Student Assessment)'가 바로 그것이다.[10] 또한 성인의 기초능력조사인 ALL(Adult Literacy & Life Skill Survey)을 진행하여 인재상이 갖춰야 하는 능력이 무엇인지, 현재 청소년의 모습은 어떤지에 대해 이론적 근거를 만들어가기 시작했다. 그리고 미래의 인재상에게 필요한 역량 중 하나가 바로 자기주도학습 능력이었다.

OECD가 교육에 관심을 갖는 것은 어찌 보면 자연스러운 현상이다. OECD의 주된 관심사는 회원국을 중심으로 경제 발전을 이루기 위해 다양한 어젠다를 설정하고 논의하며 협력해나가는 것이기 때문이다. 현재의 경제 발전은 현재의 사회 구성원이 당사자이지만, 20~30년 후의 경제 발전은 지금의 청소년이 당사자가 될 것이다. 따라서 미래의 주인공이 될 지금의 청소년이 앞으로 어떤 인재로 성장하는지와 관련된 문제는 매우 중요하다.

이렇듯 우리나라를 포함하여 세계 여러 나라에서 교육을 책임지고 연구하는 사람들이 자기주도학습이 중요하다고 생각하는 것은 누가 봐도 쉽게 동의할 수 있고 적극적으로 지지할 수 있는 방향이다. 스스로 책임감을 가지고 자신의 학습을 계획하고 실행하며 평가하는 것은 그야말로 이상적인 학습자의 전형적인 모습이기 때문이다.

하지만 OECD조차 학교 교육이 어떻게 아이들의 자기주도학습 역량을 키워주어야 하는지 구체적인 방법을 제시하지는 못하고 있다. 그래서 OECD에서는 이 방법을 찾기 위해 2015년부터 DeSeCo 2기 프로젝트로 OECD EDUCATION 2030 프로젝트를 시작했고, 현재 연구 중이다.

그렇다. 자기주도학습의 중요성을 강조하는 것은 세계적인 현상이다. 4차산업혁명이라고 불리는 현 시대를 살아가는 성인에게도, 다음 세상을 이끌어갈 지금의 청소년에게도 자기주도학습 역량은 매우 중요하다. 이 시대의 청소년들은 지금은 없는 지식과 아직 발명되지 않은 기술을 배워야 한다. 이런 지식과 기술은 누가 가르쳐주기 힘들기 때문에 스스로 배워야 한다. 이런 훌륭한 개념이 학교 교육과정에 반영된다면 누가 반대하겠는가?

청소년이 자기주도학습을 할 수 있도록 좋은 프로그램을 개발하고 학교 교육 현장에 적용한 결과 실제로 학생들도 자기주도학습 역량이 높아질 수 있다면 더없이 좋을 것이다. 그렇게 된다면 학습 목표를 달성하는 데 교사의 영향을 덜 받게 되어 이른바 '교육 격차'를 줄일 수 있게 될 것이기 때문이다. 자신이 살고 있는 지역이 어디든, 부모의 소득 수준이나 학력 수준과 관계없이 일정한 학습 성과를 얻을 수 있게 된다면 참으로 이상적인 교육 방향이면서 미래 사회가 한층 더 발전할 수 있는 근본적인 해결 방법이 아니겠는가.

하지만 우리나라는 다른 나라에 비해 상대적으로 입시 경쟁이 치열하다. 따라서 내신 관리와 수능 준비가 매우 중요한 것이 사실이다. 이러한 환경 속에 자기주도학습을 어디에, 어떻게 적용할 것인지에 대한 충분한 고민이 부족한 상태에서 '자기주도학습' 열풍이 급격하게 번져나간 것이 아쉽다. 특히 2010년 전후로 사교육 억제를 위해 고입과 대입에서 자기주도학습 역량을 입시에 적용하면서 국내 교육에 자기주도학습 열풍이 불었다는 점에 주목해야 한다.

어긋난 이상,
우리의 자기주도학습

새로운 시대는 자기주도학습 능력을 갖춘 새로운 인재상을 요구한다. 공교육과 함께 사교육 역시 이러한 흐름을 놓치지 않고 자기주도학습, 학습코칭 등이 유행처럼 번져나갔다. 유명 언론사나 청소년 관련 기관, 몇몇 대학이 주관하는 자기주도학습 캠프까지 생겨나기에 이르렀다. 대학교 부설 평생교육기관을 포함하여 각종 민간기업 등에서 자기주도학습 지도사, 자기주도학습 전문가, 학습코칭 전문가 등의 자격증 과정도 만들어졌다.

2010년 이후 청소년 교육과 입시를 둘러싼 사회 환경이 자기주도학습을 교육의 핵심 키워드로 만들어버린 것이다. 그런데 실제로 학원에서 열리는 자기주도학습 코칭이 학생들의 자기주도학습 능력을 높여주기에 충분했을까? 5박6일 정도 일정에 수십만 원에서 백만 원을 넘는 자기주도학습 캠프를 다녀오면 아이들은 달라졌을까? 이런 프로그램을 만든 사람들은 자기주도학습이 뭔지 정확히 알고 있을까?

사교육 시장이 자기주도학습을 활용하는 법

학부모들이 흔히 하는 오해가 바로 '자기주도학습＝자습'이라는 공식이다. 얼핏 보면 '자습'이 '자기주도학습'의 줄임말처럼 보이기도 한다. 자기주도학습이라는 게 스스로 공부한다는 한자어 '自習'과 그리 다른 개념 같지도 않다.

그러나 대한민국 교육 환경에서 정말 '자습'만으로 공부 성과를 낼 수 있을까? 혼자서 안 하는 아이들은 대체 어떻게 해야 하는가? 자습이 잘 되는 아이들은 자기주도학습이 잘 되는 아이들인가? 내 아이는 도무지 혼자서는 공부를 할 생각도 안 하고, 어떻게 해야 할지도 모르는 것 같은데?

이런 학생과 학부모의 혼란스러움을 틈타 생긴 것이 바로 '자기주도학습 캠프' 등의 사교육 시장이다. 특히 일명 '공부 캠프'라는 이름을 붙인 이런 프로그램들은 학생들을 데려다 학생들을 분석하고, 이를 반영해서 공부 계획을 세우고, 모르는 것을 선생님이 해결해주는 식으로 설계된다. 스스로 공부 목표를 만들기 어려우니 '같이' 만들어주고, 스스로 꾸준히 하기 어려우니 목표 달성을 위해 '같이' 노력해주고, 자습을 할 수 있도록 '도와주거나 관리해주는' 것이 이 캠프의 시스템이다.

공부할 목표와 방법을 모르는 아이들이 자기주도학습을 할 수 있도록 목표 설정부터 관리까지 해주는 것이다. 결국 교수자 한 명이 다수에게 전달하는 방법으로는 개개인에 맞는 교육이 어려우니, 각 개인에 맞춘 일대일 교육을 자기주도학습이라고 포장한 것에 불과하다. 실상 사교육 시장에서 자기주도학습은 '일대일 맞춤 관리 자습'을 뜻하게 돼버린 것이다.

다른 한편으로 이 용어는 출판시장에서도 핵심 키워드로 사용되었다. 마치 자기주도학습을 안 하면 큰일 날 것처럼 위기감을 조성하는 각종 책과 문제집의 광고는 학부모와 학생들에게 자기주도학습에 대한 부담감을 주기에 충분했다. 방송과 인터넷 강의가 활발해지면서 자기주도학습과 이런 강의를 연결시키는 마케팅도 성황하고 있다. '자기주도'를 유도하기 위해서는 직업 목표가 있어야 한다며 위인전 독서를 통해 목표 설정을 도와주고 멘토가 있으면 자기주도를 할 동기와 의욕이 생긴다며 멘토링 프로그램을 홍보하기도 한다.

대치동 자기주도학원의 진실

2010년 전후로 대입과 고입에서 '자기주도학습 역량'이 대두된 이후 소위 '학원가'를 중심으로 자기주도학습이 마치 최상위권 도약을 위한 필수 조건인 것처럼 강조되었다. 이러한 자기주도학습의 유행은 '맘카페'를 중심으로 더욱 빠르게 퍼져나가기 시작했다.

당시 대치동에서 수학 전문학원을 운영하고 있던 나는 대치동 학원가에 빠르게 번져나가는 자기주도학습 열풍을 생생하게 목격했다. 이전에는 보기 어려웠던 '자기주도형 학원'이 우후죽순처럼 생겨나기 시작했다.

이런 자기주도형 학원의 프로그램은 대부분 혼자 공부하다가 모르는 것이 나오면 선생님의 도움을 받는 것이었다. 이 과정을 좀 더 자세히 살펴보면 다음과 같다.

학원에 도착하면 과제 검사를 받는다. 과제에서 틀린 문제를 선생님의 도움을 받아 해결하고 진도 학습을 시작한다. 지난 시간에 공부한 내용에 이어 선생님이 정해준 부분을 공부한다. 새로운 개념을 배울 때는 선생님께 짧은 개념 설명을 듣고 쉬운 문제부터 조금씩 난이도가 높아지는 문제를 순차적으로 풀어나간다. 어려운 문제가 나오면 체크해두었다가 선생님의 도움을 받는다.

이러한 교수-학습 모형은 사실 이 시기에 처음 등장한 것은 아니다. 2008년 어느 정도 당시 규모가 있는 학원은 대부분 '자습실'을 운영하고 있었다. 자습실은 독서실과 비슷한 개념으로 운영되었는데, 보통 과제를 완료하지 않은 학생들이 남아서 과제를 완료할 때까지 혼자 공부하는 공간, 혹은 일일평가에서 점수가 낮게 나온 학생들이 오답을 정리하는 목적으로 활용되었다. 소위 '완전학습'이라고 불리우는, 오늘 해야 할 공부를 모두 마무리하고 귀가하는 프로그램이었다. 2010년 즈음 대치동을 중심으로 유행했던 자기주도형 학원은 이러한 자습실이 학원 수업의 중심으로 들어온 형태가 대부분이었다.

이런 수업 모형은 몇 가지 문제를 드러냈다. 선생님이 시키는 것을 잘 따라 하는 학생들은 일반적인 자습에 질문 해결이 더해진 이 모형을 무리 없이 받아들였지만, 책상 앞에서 멍하니 앉아 있는 시간이 많은 학생들은 적응하지 못했고, 학원에서 얻는 것이 거의 없는 낙오자가 되다시피 했다. 즉, 공부를 어느 정도 하는 학생들에게는 일정 부분 학습 효과가 나타났지만, 그렇지 않은 학생들에게는 의미 없는 시간의 연속이었다.

결국 자기주도형 학원은 그리 길게 가지 못하고 대부분 2~3년 내에 사라지게 되었다. 사라진 것은 자기주도형 학원뿐이 아니었다. 당시 그런 학원에서 공부를 '시도'한 많은 학생들의 '시간'도 사라지고 말았다.

뒤이어 2012년을 전후로 새로운 키워드가 대치동 학원가를 휩쓸기 시작했다. 바로 '관리'였다. 자기주도형 학원의 한계를 보완하는 시스템으로 스스로 공부하는 데 어려움이 있는 학생들을 돌보는 방편이었으며, 학생들의 자기주도학습 능력과 관계없이 목표한 바를 달성하도록 도움을 주는 새로운 교육 시스템이었다. 그리고 자기주도학습 능력이 부족한 학생이 가진 한계를 극복하는 데 일정 부분 성과를 보여주었다.

대치동 학원가와 학부모들은 자기주도형 학원이 지닌 한계가 무엇인지 비교적 빠르게 찾아냈고, 이를 보완하는 방법으로 '자기주도학습'의 일부를 내려놓으며 교사가 학생들의 학습에 개입하는 것을 용인한 것이다.

나는 자기주도형 학원이 붐을 맞이한 것이 비단 '자기주도학습'이 당시 대치동의 주요 키워드로 자리잡고 있어서라기보다는 자기주도형 학원의 수익 모델이 좋았기 때문이라고 생각한다. 기존의 강의형 학원은 새로운 학생을 받기 위해 학년, 진도, 성적 수준 등이 맞는 반이 있어야 했다. 하지만 자기주도형 학원은 대부분 무학년 무진도로 운영되었다. 무학년 무진도란 한 반의 학생들이 학년이나 진도가 달라도 된다는 것이다. 강의형 학원에서는 선생님이 강의를 통해 학생들에게 지식을 전달하기 때문에 그 강의를 들을 수 있는 학생들만 그 강의실에서 공부할 수 있었다. 하지만 자기주도형 학원은 독서실처럼 누구든 한 반에서 공부할 수 있다. 즉, 강사 한 명당 학생 수를 높게 유지할 수 있어 학원의 수익률이 높아지는 시스템이다. 이는 자기주도형 학원이 빠르게 번진 또 하나의 이유였다.

자습과 자기주도학습의 혼동

이처럼 사교육 시장과 학부모의 조급증, 그리고 자기주도학습의 오해로 형성된 '자습'과 '자기주도학습'의 혼동은 심각한 혼란을 자아냈다. '공부는 혼자 하는 것' '말을 물가로 끌고 갈 수는 있어도 물을 억지로 먹일 수는 없다' 등 이와 관련된 여러 클리셰를 통해 학생과 학부모 들의 머릿속에는 '혼자' 하는 공부가 아니면 의미가 없다는 일종의 패배감이나 회의주의적 사고까지 팽배해졌다.

틀에 박힌 격언과 공부에 대한 이상적 생각들이 모여 학부모와 학생들은 성적을 올리려고 할 때, 꿈을 결정할 때, 세부적인 공부 계획을 세울 때 등 자기주도학습의 모든 단계에서 멘토와 선생님을 찾기 시작했다. '혼자 학습'하기 위한 도움을 여기저기서 찾는데, 그 용어를 '자기주도학습'이라고 포장하는 아이러니한 상황의 연속이었다.

그런데 곰곰이 생각해보자. 원래 대한민국에서 '근대교육'이 시작된 역사를 살펴보면, 이때 교육은 표준화된 기준을 만드는 것이 핵심이었다. 모두에게 평등하게 교육의 기회를 주기 위해 시작된 것이 근대교육이니 '꼭 배워야 하는 내용'이 정해져 있고 이를 학생에게 익히게 하는 것이 핵심이었다. 그러다 보니 배운 것을 확인하고, 그 확인을 위해 시험을 치르는 과정이 교육의 가장 중요한 뼈대가 되어버렸다. 배워야 하는 내용, 교육의 단계가 정해진 대한민국의 교육 시스템 속에서 아이들이 '무엇을' 스스로 공부해야 하는지는 자명하다.

이 방향을 바꾸기 위해 공교육은 각 개인의 특성과 자질을 살린 교육을 강조하기 시작했고, 이에 걸맞은 용어가 바로 자기주도학습이었다. 그러나 방향이 바뀌었다고 해서 교육의 전반적인 흐름이 바뀔 수는 없다. 학생은 여전히 공교육의 틀 안에서 시험을 보고 성적을 받아야 한다. 성적을 위한 계획과 노력이 필요하다는 뜻이다.

우리가 자기주도학습의 진정한 의미와 이를 학생들의 교육 현장에 끌어오는 것에 대해 진지하게 고민해야 하는 것은 바로 이 지점이다. 근본적으로 자기주도학습의 이상과 우리의 교육 현실은 어긋나 있기 때문이다. 이제 생각해야 할 것은 다가오는 새 시대에 맞는 인재에게 필요한 자기주도학습 능력을 어떻게 키워야 하는지에 대한 큰 고민과 함께, 당장 점수를 올려 성적을 잘 받아야 하는 우리 아이들을 위한 진짜 공부법이다. 그리고 나는 그 답이 자기조절학습이라고 주장하는 것이다.

공부포기자를 만들어내는
자기주도학습의 역설

●

●

●

　지금까지 살펴본 것처럼, 자기주도학습은 이상적인 학습법처럼 보인다. 나 역시 한때 자기주도학습의 중요성에 깊이 공감하고, 당시 운영하던 대치동의 수학 전문 학원에서 자기주도학습 프로그램을 적용하기 위해 남다른 노력을 쏟았다. 먼저 당시 유행처럼 번지고 있는 자기주도학습이 무엇인지 그 실체를 알아보려고 노력했다. 시중에 나온 자기주도학습 관련서를 여러 권 구매해서 읽어보기도 하고, 학원 강사들과 함께 자기주도학습에 대한 스터디도 하고, 자기주도학습 프로그램을 운영하고 있는 다른 학원은 어떻게 하고 있는지 세밀히 분석해보기도 했다.

　조사해보니, 대치동 학원가에서 자기주도학습 프로그램을 강조하는 학원들은 대부분 자기주도학습의 개념을 '학생 스스로 공부하고, 선생님께 질문을 하는' 형태의 수업을 하는 것으로 구현하고 있었다. 즉, 자기주도학습을 독학 혹은 자습으로 이해하고 있던 것이다.

나는 제대로 된 자기주도학습 프로그램을 설계하고 싶었다. 우리 학원의 강사 선생님에게 각 대학교 평생교육원에서 자기주도학습 지도사 자격증 과정을 수강할 수 있도록 수강료를 지원해주기도 했다. 다양한 관점에서 이론을 습득하고 그것을 현실에 적용하기 위해서였다.

그러나 그렇게 설계한 프로그램을 학생들에게 적용하면서 한 가지 진실에 직면하게 되었다. 바로 우리 학생들은 온전히 자기주도적일 수 없는 환경에 있다는 것이었다. 그리고 학생들은 반드시 전문가, 즉 선생님의 지도와 도움을 받아야 했다. 자기주도학습의 핵심은 학습의 계획과 목표, 방법을 스스로 세우는 것인데, 청소년에게는 이 과정이 부담스러울 수밖에 없다. 이 부분의 부담을 줄이고 할 수 있는 부분에 집중하면 훨씬 좋은 결과가 나오리라는 결론이 나왔다.

그렇게 학생들에게 공부에만 집중할 수 있는 환경을 만들어주었더니 예전보다 훨씬 더 좋은 효과가 나타났다. 학생들은 처음 학습을 시작할 때 학원에서 가이드로 제시한 진도를 바탕으로 담당 선생님과 함께 자신의 취약점을 집중적으로 보완하는 학습과 일반적인 교과 진도 학습을 병행하는 학습자 맞춤형 커리큘럼을 완성했다. 이후 학생들은 자신의 학습에 집중하며 자신에게 필요한 학습 위주로 공부할 수 있었고, 자신의 취약점을 하나둘 보완해나갔다. 학습이 진행되는 도중 처음 설정한 학습 계획의 수정이 필요한 경우 선생님의 도움을 통해 수정 보완했으며, 한 과정의 학습을 마친 후에는 다양한 테스트를 통해 학습이 미진한 부분을 찾아 다시 보완하는 학습을 진행했다. 그 결과 학생들의 성적에 눈에 띄게 긍정적인 효과가 나타났다. 지금은 많은 학원들이 진행하고 있지만 당시 대치동에서는 보기 어려웠던 체계적인 개별 맞춤 시스템을 적용한 결과 좋은 성과가 나온 것이다.

물론 스스로 계획을 세우고, 학습 목표를 정하고, 학습 방법을 선택하는 것은 매우 중요하다. 하지만 이는 수많은 시행착오 끝에 얻어지는 노하우인데, 우리 학생들은 '정해진 과정을 정해진 시간 안에 끝내야 하는' 시간의 압박이라는 환경에 처해 있다. 이런 상황에서 '계획과 목표와 방법까지 스스로'라는 구호는 자칫 과도한 시행착오를 유도해 시간 낭비와 불필요한 패배감을 유도할 수 있지 않을까? 자기주도학습이, 의도치 않게 '공포자', 즉 '공부 포기자'를 양산해내는 결과를 낳는 것은 아닌가?

잘못된 자기주도학습이 공부의 본질을 왜곡시켰다

그래서 나는 어떻게 공부할 때 효과적인지, 주어진 문제를 해결하기 위해 어떤 개념을 적용할 것인지, 풀이 방법은 어떻게 할 것인지에 집중할 수 있는 환경을 만들어주려고 노력했다. 그 결과 만들었던 당시의 수업 모형은 온라인 시스템을 더해 현재 전국 수만 명의 아이들이 학습하는 교육 프로그램으로 발전하게 되었다.

이때 내 고민의 핵심은 '자기주도학습이 학습의 계획과 실행, 평가 영역에서 학습자에게 선택권을 주면서 동시에 책임을 지게 하는 것은 옳지 않은 것 아닐까' 하는 것이었다. 자기주도학습이라는 것이 자칫 선생님이 책임져야 하는 영역까지 학생에게 떠넘기는 결과를 낳는 것은 아닌가?

이런 의심을 확장해보면, 자기주도학습이 이처럼 유행하게 된 배경도 설명이 가능하다. 부모는 부모로서의 책임을, 교사는 교사로서의 책임을, 학교는 학교로서의 책임을 아이들에게 떠넘기는 것은 아닌가? "공부는 자기주도적으로 해야지! 공부는 스스로 하는 거지!"라는 말의 이면에 있는 무엇인가가 우리에게 심리적 평온함을 안겨준 것은 아닌가?

학교에서 배우는 다양한 과목들, 아직 충분히 학습이 되지 않은 상태에서 계속해서 앞으로만 나가는 진도를 생각해보라. 이런 환경에서 학생 스스로가 '무엇을 배울 것인가?' '어떤 목표를 설정할 것인가?' '어떻게 공부할 것인가?' '학습의 결과에 따른 목표와 방향, 방법의 수정은 어떻게 할 것인가?'와 같은 질문에 대해 충분히 고민하고 최선의 선택을 할 수 있겠는가?

지금의 자기주도학습은 '혼자 스스로 하는 공부'와 동의어가 되었다. '무엇을'과 '어떻게'가 빠진 이 막연한 개념어가 나는 오늘날처럼 공부의 본질이 왜곡된 원인이라고 생각한다. 사람들은 공부를 잘하는 학생들은 대부분 자기주도학습을 하고, 좋은 고등학교나 대학교를 가기 위해서는 자기주도학습 역량이 있어야 한다고 생각한다. 그러나 이는 사실과 다르다. 많은 학자들이 공통적으로 증언하고 있는 것이기도 하다.[11][12][13] 심지어 자기주도학습의 중요성을 강조하는 연구에서도 "기존의 자기주도학습은 학교 환경에서 여러 가지 문제점과 한계를 노출했다."[14][15][16]라고 언급하기도 했다.

우리가 알고 있는 자기주도학습은 진짜 자기주도학습과 많은 부분에서 차이가 있다. 이 때문에 나는 우리나라 청소년의 국어, 영어, 수학과 같은 공부에는, 특히 최상위권을 제외한 평범한 학생들 또는 하위권 학생들에게는 자기주도학습만이 정답이 아닐 수 있다고 생각한다. 이것이 내가 교육학 석사를 마치고, 인지과학 박사과정을 밟으면서 효과적인 학습의 원리를 연구하고, 관련된 세계적인 석학들의 논문을 읽고 이론을 공부한 끝에 얻은 결론이다. 더불어 대치동에서 수많은 아이들을 직접 지도하고, 수학 학원을 운영하면서 1만 명이 넘는 대치동 학생들의 학습 패턴을 분석하고, 직접 프로그램을 만들어 적용해본 경험을 더해 얻은 결론이기도 하다.

이 장에는 자기주도학습이 실패할 수밖에 없는 네 가지 이유를 설명했다. 중요한 건 자기주도학습이 안 되는 게 절대로 아이 탓이 아니라는 것이다. '해낼 수 있는 것'에 집중하면 놀라운 성취를 얻어낼 수 있는데, '할 수 없는 것'에 집중하느라 공부 자체를 포기하는 안타까운 일이 없기를 바라는 마음이 간절하다.

Chapter

2

자기주도학습이 안 되는 건
아이 탓이 아니다

첫째, 자기주도학습에 대한 잘못된 이해

4차산업혁명 시대를 살아갈 청소년들은 학교를 떠난 이후에도 평생에 걸쳐 학습을 지속해야 한다. 이를 위해서는 말할 것도 없이 공부 자체를 스스로 끌어갈 수 있는 자기주도적 학습 태도가 필요하다. 자기주도학습의 중요성은 아무리 강조해도 지나치지 않다. 최상위권 학생과 성인 학습자는 모두 자신만의 자기주도학습을 하고 있다.

비단 우리나라뿐이 아니다. 각 나라의 교육부에서도 자기주도학습의 중요성을 강조하고 있다. 경제협력개발기구인 OECD가 2003년에 발표한 DeSeCo 프로젝트 결과 보고서에서도 그 중요성이 강조되었다.[1] 우리나라에서도 7차 교육과정부터 2015년에 개정된 교육과정에 이르기까지 자기주도적 학습 능력을 강조하고 있다.[2] 특목고, 자사고 등 일부 고등학교는 신입생을 선발하는 방식으로 자기주도학습전형을 두고 있는 실정이다.[3]

이러한 흐름은 자기주도학습 열풍을 일으키기에 충분했고, 그 결과 학교 교육뿐 아니라 사교육에서도 자기주도학습과 관련된 다양한 훈련 프로그램과 학습 컨설팅, 학습 코칭 기관까지 난무하고 있다.[4][5] 그러나 청소년 교육 현장에서 몇 가지 부작용들이 나타났다.[6] 그 이유를 살펴보자.

우리의 자기주도학습은 반쪽자리였다

첫째, 학생들이 자기주도적으로 공부할 학습 목표가 교사에 의해 미리 정해져 있는 경우가 많다.[7][8]

이는 자기주도학습을 연구한 학자들의 의견과는 상당한 차이가 있다. 필립 캔디(Philip C. Candy)에 의하면, 자기주도학습은 학습자가 배우는 내용을 결정할 수 있어야 한다. 즉, 학습 목표가 학습자에 의해 설정되어야 한다. 그러나 국내에서 수행된 많은 자기주도학습 관련 연구들은 프로그램의 목표가 단지 학업 성취도나 학습 태도의 변화에 초점이 맞추어져 있는 경우가 많다. 정해진 내용만을 학습하는 것은 자기주도학습자의 자율성을 침해한다고 볼 수 있다.[9]

둘째, 학습 기술이 지나치게 강조되며 자기주도학습을 실천하기 위한 학습 방법이 이미 정해져 있는 경우도 많다.[10]

학습 방법 선택에 대한 제한은 그동안 학자들이 강조했던 자기주도학습과는 방향성이 상당히 다르다. 자기주도학습은 학습을 수행하는 과정 중에서 창의성, 개방성과 같은 비인지적인 요소들이 강조된다.[11][12] 즉, 학습자 스스로가 학습에 적합한 방법을 선택 혹은 개발할 수 있다는 것이다. 그러나 국내에서 수행된 자기주도학습 프로그램 연구들은 특정한 학습 방법이나 기술의 효용성을 증명하기 위한 도구로서 자기주도학습을 활용하는 경우들이 많다.[13][14][15] 단순히 정해진 학습 방법이나 기술을 습득하는 것은 자기주도학습의 취지와는 맞지 않다고 볼 수 있다.[16]

셋째, 자기주도학습 프로그램이 주로 학교라는 테두리 안에서 제한적으로 진행되는 경우가 많기 때문에[17][18] 학생들이 주도적으로 선택해야 할 것 또한 제한적이다.

이것 역시 기존의 자기주도학습이 연구되었던 배경과는 상당히 거리가 있다. 본래 자기주도학습은 성인 학습자들이 학교 졸업 이후에도 교육시설이나 교사의 도움 없이 자신의 학습을 수행하는 것에 주목해 연구가 시작되었다.[19] 그래서 학습자가 자기주도학습이 이루어지는 시간, 장소, 교사의 존재 여부에 대해 선택권을 갖는 것이 가능했다. 하지만 기존의 프로그램들에서는 이러한 요소들이 부분적으로만 충족되는 경우가 많다. 학교라는 제한된 환경에서는 학습자가 활용할 수 있는 자원이 제한적일 수밖에 없기 때문이다.

자기주도학습과 자기조절학습의 혼동

이 같은 사실들을 종합해보면, 근래 국내에서 전개되는 대부분의 자기주도학습은 학습의 주제 선정, 방법 선택, 환경의 측면에서 본래의 자기주도학습의 원리와 이론과는 다소 다르게 적용되어 있음을 알 수 있다. 자기주도학습은 궁극적으로 자기주도성과 자율성을 획득하는 것이 목표이다.[20] 그러나 현행 자기주도학습은 도리어 청소년들로 하여금 자기주도성과 자율성을 제한하는 결과를 초래함으로써 결과적으로는 '반쪽짜리' 자기주도성을 형성하도록 하고 있다. 현재의 청소년 자기주도학습은 시험과 성적을 위한 학습 기술로서, 시험에서 점수를 잘 받기 위한 하나의 수단으로 전락하고 있는 것이다.

사실 이러한 현상은 상당 부분 자기주도학습과 자기조절학습의 개념을 혼용하는 데서 발생했다고 할 수 있다. 자기주도학습은 성인 학습자들이 지도교사의 도움 없이 학습을 수행하는 점에 주목하여 학교 밖에서 이루어지는 성인 교육학 분야에서 연구되기 시작했다. 자기주도학습에 대한 연구에서 무엇보다 학습 목표 및 방법 선정에 있어 학습자의 자율성과 주도성이 강조된 맥락이다.

반면, 자기조절학습은 학습의 효과적 과정에 관심을 둔 인지 심리학 분야에서 발전된 개념으로서 효과적 학습 과정이 어떻게 학업 성취를 높일 수 있는지가 주된 관심사였다.[21] 따라서 자기조절학습은 자기주도학습에 비해 주로 학교 안에서 이루어지고, 상대적으로 타율적인 청소년이 교사 주도의 학습 과정 내에서 발휘되는 능력에 초점을 맞추어 연구되었다. 이는 자기주도학습과는 상당히 차이가 있는 개념이다. 따라서 기존의 자기주도학습 프로그램이 가지는 한계는 자기조절학습적인 요소들의 영향을 받은 것이라고도 할 수 있다.[22]

현재의 청소년 교육 현장에서는 이 두 학습의 개념이 혼재되어 통용됨으로써 청소년 주도의 자율성에 근거한 자기주도학습다운 학습이 제대로 이루어지지 못했다.[23][24][25] 뿐만 아니라 학생의 자기조절 능력을 제대로 키우는 데도 한계가 있었다. 따라서 자기주도학습과 자기조절학습의 개념과 기능, 특성들을 비교함으로써 자기주도학습을 자기주도학습답게, 자기조절학습을 자기조절학습답게 적절히 수행할 수 있어야 한다. 학습 현장의 혼란을 줄이고 각 학습의 효과를 기대하는 것은 이를 통해서만 가능할 것이다.

둘째, 학생에게
너무 많은 것을 요구한다

●

●

●

수능 즈음이 되면 수험생을 응원한다며 이른바 '수능 대박 기원'이라는 말을 서로 주고받는다. 이 짧고 강력한 문구는 그동안의 노력이 좋은 결실로 이어지길 바라는 모두의 마음을 표현한 것이다.

그런데 이때 '수능 대박'이 무슨 뜻일까? '수능 대박'은 자신의 진짜 실력보다 더 좋은 점수를 받는 것이 아니다. 자신이 아는 것을 실수 없이 잘 풀고 시험을 마치라는 뜻이다. 그러니까 자신의 평소 실력을 유감없이 발휘하는 것이 바로 '수능 대박'이라는 뜻이다.

우리는 아주 좋은 결과 또는 운이 좋은 상황에 '대박'이라는 표현을 섞어 사용하곤 한다. 그런데 수능 대박이 의미하는 것이 시험 운이 좋아 평소 실력보다 더 좋은 점수를 받는 것이 아니라 더도 말고 덜도 말고 평소 실력대로 점수를 받는다는 것을 의미한다는 말은 좀 앞뒤가 맞지 않는 것 같기도 하다. 하지만 그 의미를 천천히 곱씹어보면, 이는 그만큼 수능에서 실력 발휘를 하기 어렵다는 말이기도 하다. 생각해보라. 단 한 번의 시험으로 인생이 달라질 수 있는데, 수험생의 스트레스가 얼마나 크겠는가? 많은 학생들이 자신의 평소 실력을 발휘하는 것조차 어려워하는 것도 당연하다.

흔히 '학업 스트레스'는 성적에 부정적인 영향을 준다고 알려져 있다.[26][27][28][29] 특히 학업 스트레스 수준이 학습자 스스로 인내할 수 있는 수준을 벗어나게 되면, 여러 가지 심리적 부적응 현상이 나타날 수 있다.[30] 때문에 과도한 학업 스트레스로 인해 여러 가지 문제들이 발생하지 않도록 예방하는 것이 무엇보다 중요하다.[31] 또한 학생들이 온전히 공부에 집중할 수 있도록 주변 환경을 정리하거나 불필요한 스트레스를 받지 않도록 관리하는 것도 필요할 것이다. 이는 단지 학습자의 몫으로 남겨둘 일이 아니다. 학부모와 선생님 모두가 학습에 최적화된 환경을 만드는 데 머리를 맞대야 한다.

선택과 집중

학창시절 공부를 하면서 가장 중요한 것은 노력한 만큼 좋은 성적을 받는 것이라고 할 수 있지 않을까? 그것이 바로 '수능 대박'이다. 어쩌다 운이 좋아 답을 찍었던 문제를 맞히려고 노력하는 것이 아니라, 성적 향상을 위한 기본기를 탄탄히 다지고, 자신의 실력을 끊임없이 갈고닦아야 한다. 그리고 그렇게 하기 위해서는 선택과 집중이 필요하다.

이는 공부에 온전히 집중할 수 있는 시간을 충분히 확보해야 한다는 뜻과도 같다. 학생들은 좋은 성적을 받기 위해 해야 하는 공부의 여러 단계와 절차 중 스스로 해야 하는 것과 외부의 도움을 받아야 하는 것을 잘 구분하고, 각자의 역할을 충실히 수행해야 한다. 자신이 주도적으로 해야 하는 것 이외의 다른 부분에서 가급적 에너지를 낭비하지 않도록 해야 한다는 뜻이다.

하지만 자기주도학습은 학생들에게 많은 것을 요구한다. 제대로 된 자기주도학습이 이루어지기 위해서는 다음 그림과 같은 자기주도학습 절차[32]를 학습자 스스로 선택하고 수행해야 하며, 1차적인 책임을 져야 한다.[33]

자기주도학습을 '독학'으로 이해하면, 학습자 단독으로 수행하는 선택과 결정만이 유일한 자기주도학습이 된다. 이렇게 할 수 있는 학생들은 거의 없다. 사교육에 의존하지 않고 스스로 주도적으로 학습한다는 것이 사실상 '환상'에 가까운 이유다.

[그림 2-1] 자기주도학습의 절차

학습 의도의 확립		

↓

계획(planning) 및 설정(setting)		
학습 내용	학습 방법	학습 관계

↓

반성(reflection) 및 점검(checking)		
학습 내용	학습 방법	학습 관계

↓

자기평가(self-evaluation)		
학습 내용	학습 방법	학습 관계

하지만 그 개념을 광범위하게 확장한다고 해도 여전히 자기주도학습은 많은 절차를 통해 완성되는 개념이다. 최근 자기주도학습을 연구하는 학자들은 '학습자의 주체적인 학습 통제'의 개념을 강조한다. 이는 해당 학습 활동이 왜 자신에게 필요하고 중요한지를 따져보는 것에서 학습이 시작된다는 개념이다. 또한 학습 활동의 결과를 자신의 삶과 경험 속에 재투입하려는 노력과 학습 활동의 전반적인 과정을 반성적으로 운영, 관리하려는 노력이 필요하다는 점도 강조한다.[34]

이렇게 보면, 자기주도학습이 요구하는 학습의 개념은 학습자에게 우리 생각보다 훨씬 많은 부담을 주고 있다는 것을 알 수 있다. 학습과 관련된 활동 단계도 많고, 이를 차근차근 실제 학습에 옮기는 것은 쉽지 않은 일이다. 물론 충분히 익숙해질

만큼 연습할 시간이 있다면, 그리고 연습을 통해 익힐 수만 있다면 이 또한 좋은 선택이 될 것이다.

하지만 이미 상위권 학생들에 비해 학습 수준이 상대적으로 뒤처져 있는 학생들에게는 당장 무엇인가를 배우고 익혀야 할 시간을 쪼개 학습 의도를 확립하고, 스스로 계획을 세우고, 반성과 점검, 자기평가를 하는 게 과연 가능할까?

이는 공부의 '선택과 집중'에 방해가 될 수 있다. 공부할 시간이 부족한 학생들에게는 당장 눈앞에 있는 과제를 해내는 데도 많은 인내심과 각종 학습 전략이 필요하다. 그럼에도 학습자에게 훨씬 더 많은 것을 요구하는 것은 그 자체로 학습에 대한 부담으로 작용할 수밖에 없다.

'과유불급(過猶不及)'이라는 말은 언제나 옳다. 부모와 선생님은 학생들이 할 수 있는 것, 꼭 해야 하는 것을 정확하게 제시해줄 의무가 있다. 학생 스스로 온전히 해야 하는 것에 선택과 집중을 할 수 있도록 학습 환경을 조성해줘야 하는 것은 분명 어른의 몫임을 부정해서는 안 된다.

그리고 한 가지 더 우리가 알아야 할 사실이 있다. 앞의 [그림 2-1]에서 제시한 자기주도학습 단계는 성인의 학습 환경에서 차용한 자기주도학습 활동이며, 이를 학교 환경에 맞게 수정한 것은 이보다 더 복잡하다는 사실이다.

학교 환경에서의 자기주도학습 전략

연구자들은 성인의 학습 환경에서 정립한 자기주도학습 절차를 학교 환경에 맞춰 이를 바탕으로 다음과 같이 각 단계별 세부 전략을 제시했다.

[그림 2-2] 학교에서 자기주도학습 모형을 구성하는 기본적인 활동 요소와 하위 활동 [35)

기본 활동	하위 활동	세부 전략
학습 목표의 확인·이해	출발점 점검	• 선수학습 상기 • 사전 지식 수준 파악
	교수 의도 파악	• 전체 단원 계획의 확인 • 이전 지식과의 연결 • 삶의 문제와 연결
	학습 목표 확인	• 수업 목표의 확인 • 도달점 행동의 확인 • 학습 목표 기술
교수 계획의 확인·조정	교수 내용 확인	• 학습 과제의 확인
	교수 방법 확인	• 학습 절차의 확인 • 세부 학습 방법의 확인
	협동 학습 관계 설정	• 교사와의 관계 수용 • 교우와의 협력 관계 형성 및 설정
	교수 자료 수용과 학습 자원의 탐색·입수	• 제시된 자원의 수용 • 새로운 학습 자원 탐색과 입수 • 학습 자원의 재조직
반성·점검	학습 내용 점검	• 문제제기식 과제 점검 • 학습 과제에 대한 계속적 반성 및 실험 • 오류 관리·협동 학습을 통한 학습
	학습 방법 점검	• 학습 절차 및 방식에 대한 반성과 점검 • 학습 방법에 대한 저널 작성
	학습 관계 점검	• 공급된 자원의 체계적 관리 점검 • 학습 스타일을 고려한 자원 활용 • 학습 관계의 갈등 관리

보충활동의 계획·실시	학습 내용의 보충	• 이전 학습 내용과의 결합 • 협력 학습을 통한 심화 활동 • 학습된 내용의 적용: 삶의 경험
	학습 방법의 보충	• 학습 방법에 대한 학습: learn how to learn • 협력 학습을 통한 다른 방법의 시도
	학습 관계의 보충	• 학습 관계 운용에 대한 학습과 연습 • 학습 자원 탐색 및 활용에 관한 보충 활동
자기평가	학습 내용 평가	• 목표 준거 자기평가 • 삶에의 적용도 및 활용도 평가 • 학습 활동의 의의 추출 • 새로운 학습 과제 추출
	학습 방법 평가	• 학습 방법의 효율성 평가 • 새로운 학습 방법의 모색
	학습 관계 평가	• 학습 관계의 효율성 점검 • 사후 관리와 새로운 학습 관계 형성 시도

이러한 일련의 절차는 온전한 학습을 위해 분명 필요하고, 학습자가 이를 스스로 할 수 있도록 지도하는 것은 이 시대의 교육이 지향해야 하는 바다. 학교는 이러한 자기주도학습의 각 단계를 하나둘 실제 학습에 옮길 수 있도록 다양한 시도를 해야 할 것이다.

하지만 이러한 모든 절차를 우리 아이들이 스스로 완수할 수 있을지에 대해서는 다시 한 번 생각해볼 필요가 있다. 게다가 '무엇인가를 배우고 익힌다'는 의미의 학습은 이 절차 안에 포함되어 있지 않다. '학습'이란 새로운 개념을 익히고, 이를 기존에 알고 있던 개념과 연결지어 생각해보고, 새로운 개념을 나만의 언어로 바꿔보고, 문제집 등을 통해 배운 내용을 적용해보는 과정이다. 즉, 우리가 생각하는 '공부'가 바로 '학습'인 셈이다. 영어 단어를 외우고, 교과서를 읽고 중요한 내용을 메모하고 정리하고, 수학 문제를 풀어나가는 것이다. 그런데 위에서 소개한 '자기주도학습 절차'에는 '공부를 하기 전에 해야 할 것'과 '공부를 한 후에 해야 할 것'만 들어가 있다. 정작 해야 할 공부 전후에 해야 할 일이 이렇게나 많은 것이다.

결국 모든 것은 학습에 대한 부담으로

우리는 가끔 정작 중요한 일을 시작하기도 전에 에너지를 다 소진해버려 그 일을 제대로 수행하지 못하는 경우가 있다. 공부도 마찬가지다. 이러한 의미에서 학교 환경에서의 자기주도학습은 결코 쉽지 않다. 이렇게 쉽지 않은 자기주도학습을 학습자에게 권유하는 것도 부담스러운데, 이를 강요한다면 어떻겠는가? 분명 또 다른 학습 부담으로 돌아올 수 있다. 학습 부담은 자연스럽게 학업 스트레스로 이어지고, 이는 오히려 학업 성취를 높이는 데 역효과를 불러올 수 있다는 점을 명심해야 한다.

우리나라의 학교 교육 환경과 입시 환경은 매우 경쟁적이며, 이러한 환경에서는 많은 학생들이 '당장 발등에 떨어진 불을 꺼야 한다.' 장기적인 관점에서 자기주도학습자가 되는 것은 분명 아주 중요하지만, 학교 교육 환경 속에서 자기주도학습 역량을 키우려는 다양한 시도만 존재할 뿐 아직까지 눈에 띄는 뚜렷한 결과가 없는 것을 이제는 인정해야 하지 않을까? 안 되는 자기주도학습을 하려다 불필요한 스트레스를 불러일으키고, 이로 인해 학습에 대한 자기효능감을 낮추는 동시에 '나는 할 수 없어'라는 패배감을 느끼게 할지도 모른다면, 이 모든 것들을 원점부터 검토해야 하지 않을까?

셋째, 불필요한 패배감을 불러일으킨다

●

●

●

1980년대에서 1990년대 복싱계 최고 스타는 '핵주먹' 마이크 타이슨이었다. 타이슨에게는 유명세만큼이나 다양한 화젯거리가 따라다닌다. 두 살 때 아버지가 집을 나간 후 불우한 어린 시절을 보내며 폭력과 절도 등으로 소년원에 수감되기도 했던 그가 지금의 모습으로 변하기 시작한 것은 위대한 스승 커스 다마토 덕분이었다.

다마토는 소년원에서 타이슨을 처음 만나 복싱을 가르쳤고, 출소 후에는 자신의 집으로 데려가 복싱뿐 아니라 공부와 예절 등을 가르치면서 훌륭한 인간으로 성장시키려고 노력한 아버지 이상의 존재였다. 타이슨은 크게 성공했다. 그러나 다마토가 사망하면서 점차 몰락의 길로 접어들었다. 그를 올바른 길로 이끌어줄 사람도 없는 상황에서 그의 돈을 노린 사기꾼들이 접근했고, 연습도 소홀하게 되었다.

결국 성폭행 사건에 연루되며 재판에서 유죄를 선고받아 3년간 감옥살이를 하게 된다. 3년간 감옥에서 제대로 된 훈련을 하지 못했던 타이슨이 다시 세상에 나오자 많은 권투 팬들은 그가 어떻게 복귀할 것인지, 여전히 핵주먹을 보여줄 것인지에 대해 큰 관심을 보였다.

당대 최고의 프로모터였던 돈 킹은 타이슨의 복귀 무대를 기획했다. 1995년 감옥에서 나온 타이슨의 첫 상대는 실력 없는 선수였다. 경기는 89초 만에 타이슨의 KO승으로 끝났고, 권투 팬들은 크게 실망해 타이슨과 킹에 대해 불평을 쏟아냈다. 하지만 킹은 아랑곳하지 않고 3개월 뒤 또다시 약한 상대와 시합을 붙였다. 3라운드 만에 KO승을 거둔 타이슨은 이 두 경기로 어느 정도 자신감을 되찾게 되었고, 기량도 회복했다.

9개월 뒤인 1996년 9월 6일, 세 번째 경기 상대는 영국 출신의 세계 챔피언 프랭크 브루노(Frank Bruno)였고, 타이슨은 보기 좋게 승리를 따내며 새로운 세계 챔피언이 되었다.

킹이 허약한 상대들과 시합을 추진한 이유는 '승자 효과'를 위해서였다. 승자 효과는 원래 생물학 용어로 한번 싸움에서 이긴 개체는 다음 싸움에서도 이길 확률이 높아지는 것을 말한다.[36] 심지어 강한 상대를 만나도 이길 확률이 높아진다. 이러한 승자 효과는 사람에게서도 나타나는데, 타이슨의 복귀와 관런한 이 일화는 가장 유명한 사례 중 하나다.

승자 효과는 신경생물학적으로도 증명되었다. 남성호르몬으로 알려진 테스토스테론은 남성뿐 아니라 여성에게도 분비되는데, 테스토스테론의 분비량이 많아지면 도전 과제에 반응을 보이며 승리할 가능성도 커진다.[37]

아일랜드의 인지신경과학자이자 신경심리학 분야의 세계적인 권위자인 이안 로버트슨(Ian Robertson)의 연구 결과에 따르면, 자신이 어떤 생각을 갖고 있느냐에 따라 신체의 호르몬과 신경전달물질 분비에 영향을 주고, 이는 다시 뇌세포에 영향을 준다.

약한 상대와의 경기에서 승리한 타이슨의 뇌에서는 테스토스테론이 분출되었고, 이 호르몬은 마이크 타이슨을 더욱 공격적으로 만들었다. 타이슨은 두 번의 경기에서 이길 수 있다는 자신감을 갖게 되었고, 세계 챔피언과 경기를 하는 도중 위기를 겪었지만 이를 극복하고 경기에 더 몰두함으로써 결국 승리를 거머쥐었다.

성공은 습관이다. 이기는 맛을 아는 사람들은 도전과 경쟁을 두려워하지 않는다.

성공을 하기 위해 필요한 것은 다름 아닌 성공 경험이다.[38]

성적에 큰 영향을 미치는 자기효능감

세계적인 심리학자 앨버트 반두라(Albert Bandure)는 1977년, 이후 심리학계에 큰 영향을 미치는 논문을 발표했다.[39] 「자기효능감: 행동 변화의 통일된 이론을 향해(Self-efficacy: Toward a unifying theory of behavioral change)」라는 이 논문에서 반두라는 자기효능감(Self-efficacy)이라는 개념을 제시했다. 자기효능감은 어떤 과제를 수행할 때 필요한 능력이 나에게 있는가 없는가에 대한 신념이다.[40] 자기효능감은 자신감과 비슷한 개념이지만, 자신감은 '어떤 것이 있다는 믿음'이라면[41] 자기효능감은 '어떤 것을 할 수 있는 능력이 있다는 믿음'이다.

승자 효과는 자기효능감과 연결지어 이해할 수 있다. 한번 승리를 하게 되면 자신에게 승리할 수 있는 능력이 있다고 믿기 시작한다. 이런 믿음을 바탕으로 다음의 경쟁에 임하고, 어려움이 있더라도 '분명히 나는 해내고 말 거야. 나에겐 그럴 능력이 있으니까.'라는 마음으로 극복할 수 있게 된다.

특히 학업에서 자기효능감은 학업 성취에 직접적으로 영향을 주는 것으로 나타났다.[42] [43] [44] [45] 더 놀라운 사실은 학업 성취에 있어서 지능보다 자기효능감이 더 중요하다는 것이다.[46] 지능과 관련된 연구의 대가로 불리는 제임스 플린(James Flynn)은 미국 UCLA에서 학업 성취와 지능의 상관관계를 알아보는 연구를 진행했는데, 그 결과 지능과 학업 성취는 비교적 높은 상관관계를 보였으며, 학업 성취에 미치는 영향력은 25퍼센트 수준으로 밝혀졌다.[47] 지능이 좋아야 공부를 잘하는 데 유리하다는 것이 증명된 것이다. 하지만 자기효능감이라는 심리 상태, 즉 자신의 능력에 대한 믿음이 성적에 미치는 영향은 34.2퍼센트로 밝혀졌다.[48] 높은 학업 성취를 위해서는 자기효능감을 높게 유지해야 하는 이유다. 게다가 지능은 쉽게 변화하지 않는 안정적인 속성을 지니고 있어 교육을 통해 변화를 주기 어렵지만, 자기효능감은 빠르면 두세 달 내에 긍정적인 변화를 나타내기도 한다.

반복된 작은 성공. 이것이 심리학에서 조언하는 자기효능감을 높이는 방법이다.[49] 여기서 주의 깊게 봐야 하는 것은 '한 번의 큰 성공'이 아니라 '여러 번의 작은 성공'이라는 것이다. 마이크 타이슨은 두 번의 경기를 통해 자신감을 갖게 되었지만, 그 사이의 수많은 연습 경기를 통해 작은 성공을 반복적으로 경험했다.

승자 효과는 아이들의 공부에서도 분명하게 적용된다. 남들이 하는 공부를 무작정 따라 하는 것보다는, 자신의 수준에 맞는 학습 목표나 학습 과제를 정하고 하나씩 작은 성취를 경험하는 것이 중요하다. 작은 목표를 세우고 달성하는 것을 여러 번 반복하는 것이 바로 '반복된 작은 성공'이다. 이러한 경험은 아이들에게 공부를 도전할 만한 것, 해볼 만한 것으로 생각하게 해주고, 이러한 긍정적인 생각은 또 다른 도전과 성공을 불러일으킨다.

이처럼 반복된 작은 성공이 자기효능감[50]을 높여주고 승자 효과를 가져온다면, 그 반대의 경우인 '반복된 작은 실패'는 우리에게 어떤 영향을 주게 될까?

학습된 무기력

긍정심리학으로 우리에게 알려진 펜실베니아 대학교 심리학 교수인 마틴 셀리그만(Martin Seligman)은 우울증에 대한 관심을 넓혀 '학습된 무기력(learned helplessness)'에 대한 연구를 진행했다.[51] 학습된 무기력이란, 부정적인 결과나 고통스러운 자극을 회피하기 위해 일련의 행동을 취했음에도 불구하고 상황 통제에 거듭 실패함으로써 더 이상 부정적인 상황을 통제하려는 노력 자체를 포기하는 현상을 가리킨다.[52] 예를 들어 시험 준비를 열심히 했음에도 불구하고 나쁜 결과를 받는 경험을 반복적으로 경험하게 되면, 더 이상 시험 준비에 노력과 시간을 투자하지 않게 되는 경우가 바로 학습된 무기력 상태라고 볼 수 있다.[53]

학습된 무기력과 관련된 연구 중 가장 유명한 연구는 마틴 셀리그만과 스티븐 마이어(Steven F. Maier)의 '강아지 실험'을 통한 연구인데, 이 연구에서 진행한 실험 내용은 다음과 같다.

먼저 강아지를 3개의 집단으로 나누어 첫 번째 집단의 강아지는 실험 도중에 잠깐씩 전기충격을 주었고 강아지가 나무판 스위치를 건드려야 멈출 수 있도록 했다. 두 번째 집단의 강아지는 첫 번째 집단의 강아지와 모든 조건이 같았지만, 전기충격을 멈출 수 있는 스위치가 없었다. 따라서 두 번째 집단의 강아지는 전기충격을 견딜 수밖에 없었다. 세 번째 집단의 강아지는 전기충격도 없고 나무판 스위치도 없는 상태에서 밖으로 나가지만 못하게 했다.

그리고 이 실험은 장소를 옮겨 다시 진행되었는데, 낮은 장애물 위를 뛰어넘으면 다른 쪽으로 이동할 수 있었고 전기충격 장치는 한쪽 상자에만 있었다. 즉, 전기충격이 가해지면 다른 쪽 상자로 이동하면 되었다. 그런데 여기에서 놀라운 일이 목격되었다. 첫 번째 실험에서 나무판 스위치로 전기충격을 멈췄던 강아지는 두 번째 실험에서 여러 가지 시도를 해보다가 결국 다른 쪽 상자로 넘어가는 데 성공했다. 세 번째 강아지도 마찬가지였다. 그런데 두 번째 강아지는 다른 쪽 상자로 이동하지 않았다. 셀리그만과 마이어는 이를 다음과 같이 묘사했다.[54]

"두 번째 그룹의 강아지는 환경이 바뀌었음에도 불구하고 아무런 행동도 하지 않았다. 전기충격이 가해지면 그 자리에 주저앉아 몸을 웅크리며 신음소리만 내고 있었다"

학습된 무기력은 자신의 수행과 그 결과에 대한 성공 기대를 떨어뜨린다. 학습된 무기력은 새로운 시도 자체를 방해하기 때문에 무엇인가를 지금보다 더 잘할 수 있는 적절한 전략의 선택을 방해함으로써 학업 성취에 부정적인 영향을 미치며, 결국 학습 결손이 생기도록 작용한다.[55] 결국 학습된 무기력은 악순환의 또 다른 시작이자 마지막이라고 볼 수 있다.

자기효능감이 낮은 학습자를 일정 시간 방치하면 '학습된 무기력'에 빠지게 되고, 학습된 무기력에 빠진 학습자를 우리는 포기한 과목에 따라 '수포자', '영포자'라고 부른다. 따라서 학생 스스로 자신의 능력에 대한 믿음을 잘 관찰해야 하고, 선생님과 부모는 아이들의 자기효능감, 쉽게 말해 공부에 대한 자신감이 어떤 상태인지 주기적으로 살펴봐야 한다.

반복된 작은 성공이 자기효능감을 높여준다면, 반복된 작은 실패는 자기효능감을 떨어뜨린다.[56] 전자를 승자 효과라고 한다면 후자는 패자 효과가 될 것이다. 패자 효과는 패배의 결과가 또 다른 패배를 불러오는 것을 의미한다. 물론 사람의 경우 동물과 같이 단 한 번의 패배로 패자 효과가 나타나지는 않는다. 다만 반복된 작은 실패가 자기효능감을 낮추고 결국 학습된 무기력증에 빠지게 된다는 것은 항상 주의해야 한다.

자기주도학습과 패자 효과

앞서 살펴보았듯 자기주도학습은 학습자에게 학습과 관련한 일련의 활동에 많은 것을 요구하고 있다. 이미 좋은 성적을 받

고 있는 학습자 혹은 학습 습관이나 태도가 좋은 학습자는 자기주도학습을 하기 위해 상대적으로 적은 노력이 필요하지만, 그렇지 않은 학습자에게 자기주도적인 무엇인가를 요구하는 것은 불필요한 패배감을 안겨줄 수 있다. 당장 수학 숙제를 하고 영어 단어를 외워야 하는 학습자에게 학습 의도를 확립하고 어떻게 공부할지를 스스로 결정하라는 것은 무리한 요구일 수 있다는 뜻이다.

자기주도학습과 관련한 몇몇 성공담은 많은 학생들에게 자기주도학습이 좋은 대학에 합격하고 자신의 꿈을 이룰 수 있는 방법이라는 희망을 안겨줄 수도 있지만, 동시에 '나는 안 되겠네'라는 불필요한 패배감을 남길 수 있다.

세상은 자기주도학습을 하면 성적이 오르고, 좋은 대학도 가고, 자신의 꿈을 이룰 것이라고 이야기한다. 그러나 자기주도학습은 적당한 의지와 노력을 갖춘다고 해서 누구나 할 수 있는 것은 아니다. 만약 그렇다면 자기주도학습을 하는 학생들을 주변에서 쉽게 목격할 수 있을 것이다. 앞서 말했듯 자기주도학습은 학교를 졸업한 성인 중 자발적으로 학습을 이어가고 있는 학습자를 대상으로 연구가 시작된 것이다. 성인의 학습은 자기주도적일 수밖에 없다.

그리고 이러한 성인들의 자기주도학습이 학교에서부터 시작된 것은 아니라는 점에도 주목해야 한다. 자기주도학습은 일종의 '발달 단계'와 같아서 학교를 졸업하고 사회에 진출하게 되면서 자신의 행동에 스스로 책임을 질 수밖에 없는 환경 속에 살아가다 보면 자연스럽게 자기주도력을 갖추게 된다. 우리가 이른바 '철이 든다'고 표현하는 것은 나이가 들면서 세상의 이치를 깨닫게 되고, 학창시절의 공부가 세상을 살아가는 데 많은 기회를 제공해준다는 것을 알게 된다는 의미이기도 하다.

이러한 자기주도학습을 청소년이 따라 하는 것은 쉽지 않은 일이다. 학생들에게 쉽지 않은 미션을 주는 것은 당연하게도 여러 부작용이 따를 수밖에 없다. 그리고 어쩌면 이런 부작용은 불필요한 패배감, 그리고 그로 인한 패자 효과를 불러일으킬 수 있다는 점에서 더 경계해야 한다.

넷째, 자기주도학습, 출발점부터 다르다

●

●

●

자기주도학습은 학습자에게 많은 것을 요구하고, 이 때문에 이를 시도한 상당수의 학습자들이 크고 작은 불필요한 패배감을 느끼게 되었다. 아직 걸음마도 떼지 못한 어린아이에게 100미터 달리기 연습을 시키고 있는 것과 같은 선상에서 비교할 수는 없겠지만, 실제 교육 현장에서 체감하는 것은 이와 크게 다르지 않다.

이런 배경에서 국내에서 자기주도학습을 학교 교육에 처음 도입한 7차 교육과정 이후 지난 20년 동안 현재까지 자기주도학습을 학교 교육 현장에 적용하기 위한 다양한 노력이 계속되고 있다. 다시 한 번 강조하지만, 나는 이러한 노력이 앞으로도 계속되어야 한다고 생각한다. 다만 자기주도학습을 학교 교육에 적용하는 데 지금까지와는 조금 다른 관점에서 접근할 필요가 있다고 주장하고 있는 것이다. 자기조절학습은 자기주도학습의 하위 개념이라는 의견과 두 개념을 구분해야 한다는 의견이 충돌하고 있지만, 그것보다 우리가 간과하면 안 되는 중요한 사실이 있다. 바로 자기주도학습에 비해 자기조절학습이 상대적으로 학교에 적용하기 쉽다는 것, 그리고 자기조절학습 역량이 확보되면 자기주도학습 역량도 자연스럽게 키워나갈 수 있다는 것이다.

서로 다른 출발점

앞서 살펴보았듯, 자기주도학습은 성인들이 학교를 졸업한 후에도 무엇인가를 학습하는 모습이 청소년의 학습과는 다른 모습을 보이는 점에 주목해서 연구가 시작되었다.[57] 성인들이 자발적으로 외부의 도움 없이 학습을 지속하는 모습은 우리 주변에서도 쉽게 볼 수 있다. 이러한 학습이 왜, 어떻게 일어나는 것일까 하는 질문에서 시작된 연구의 결론이 자기주도학습이다.

성인들이기 때문에 당연히 누가 시켜서 한 공부는 아니었다. 교사의 도움 없이 학교 밖에서 성인 스스로 자신의 학습을 계획하고 수행하는 현상은 분명 청소년의 학습과는 달랐다. 물론 가까운 사람들과 이런저런 의논을 했을 수도 있고, 역량을 키위야 한다는 사회적인 압력이 있었을 수도 있다. 하지만 이는 분명 부모가 자녀에게 학업 성취 압력을 주는 것과는 결이 다르다.

성인들의 학습은 기본적으로 자발적으로 이루어지는 학습이다. 즉, 자기주도적인 특성이 있다. 그래서 자기주도학습에 대한 초기 연구는 자기주도력을 개인의 특성[58) 59)]으로 보았기 때문에 학습에 대한 동기적인 측면이 배제되었다는 점에서 비판을 받기도 했다.[60)]

그러나 성인의 학습과는 달리 학생들은 학교에서 배워야 할 내용이 정해져 있다. 즉, 자신이 배우고 싶은 것을 배우는 것이 아니기 때문에 대부분의 학생들은 '공부의 목적' 또는 '공부의 이유'에 대한 고민, 즉 학습 동기가 부족한 경우가 많다. 자기주도학습의 핵심은 학습의 선택과 실행, 평가 등 모든 측면에서 학습자가 주도성을 갖고 있어야 한다는 것이다. 이때 학습자가 주도성을 갖기 위해 필요한 것이 바로 동기다. 공부를 해야겠다는 마음이 있어야 스스로 무엇인가를 결정할 수 있는 주도성도 생긴다. 자발적으로 이루어진 학습이어야만 그 학습은 자기주도학습으로서 의미를 갖기 시작한다.

실제 연구 결과도 이를 뒷받침해주고 있다. 2009년부터 2016년까지 국내에 출간된 총 82편의 자기주도학습 프로그램 연구를 조사한 결과,[61)] 효과적인 자기주도학습이 이루어지기 위해서는 학습자의 자발적인 참여가 전제되어야 했다.[62) 63)]

물론 청소년 중에도 충분한 학습 동기를 바탕으로 자발적으로 학습을 수행하는 학생들이 있다. 그러나 이런 경우는 많아야 한 반에 두세 명 내외이고, 중요한 것은 우리 아이는 그렇지 않다는 것이다.

그런데 자발적이지 않은 학습자가 학생뿐은 아니다. 당장 이 책을 읽는 독자들 중에도 성인이 되어 무엇인가를 배워야겠다는 다짐을 해본 사람이 많을 것이다. 즉, 학습 동기가 부여된 상태다. 그래서 이런저런 계획도 세워보지만, 막상 공부를 시작하니 마음과는 달리 공부가 잘 안 됐던 경험이 있을 것이다. 공부를 하려고 했는데 다른 바쁜 일이 생기고, 다시 공부를 하려고 하니 급한 약속이 생겼을 것이다. 그렇게 몇 번 계획을 어기고 나니 이젠 공부를 뒤로 미루는 것이 습관이 되기 시작한다.

하지만 괜찮다. 여러분의 능력이나 의지가 부족해서 그런 것이 아니라, 원래 공부는 그렇게 쉽지 않은 것이다. 그렇기 때문에 아무나 공부를 잘할 수 없고, 그렇기 때문에 사회에서는 공부를 잘한 사람들에게 더 많은 기회를 주곤 한다.

그런데 이렇게 하고 싶어서 하는 공부도, 필요해서 하는 공부도 잘 안 되는 경우가 많은데, 하물며 어쩔 수 없이 해야 하는 공부라면 어떻겠는가? 하기 싫은 공부를 자발적으로 하라고 할 수 있을까? 학습 동기가 충만한 학생의 비율은 얼마나 될까? 극단적으로 말하면, 자기주도학습은 성인의 학습에서 발견되는 고유한 특징인 것은 아닐까?

어른이 된다는 것, 자기주도학습자가 된다는 것

고등학교를 졸업하고 대학을 다니면서 학습에 대한 태도가 바뀌게 된다. 물론 좋은 학점을 받기 위해 공부하는 학생도 있지만 소위 '학고(학사경고)'를 받을 정도로 공부와는 연을 끊는 학생들도 있다. 부모는 가끔 잔소리를 하기도 하지만 고등학교 성적표를 받았을 때와는 확연히 다른 반응을 보인다. '학고'에 대한 책임은 오로지 자기 자신이 지게 된다.

사람은 이런 과정을 통해 어른스러워진다. 학교를 완전히 졸업하고 사회생활을 하다 보면 진짜 어른이 된다. 스스로 성장하는 것이다. 이는 인간의 발달 단계의 한 과정이라고 할 수 있다. 어떻게 해석하든 분명한 것은 성인이 되고 사회생활을 하면 중학교, 고등학교 때와는 삶에 대한 태도가 180도 달라진다는 사실이다.

자신의 삶에 대한 책임, 자신의 선택에 대한 책임을 지게 되면서 드디어 스스로 공부하는 '자기주도적인 학습자'가 되는 것은 아닐까? 스스로 공부하는 성인들이, 학창 시절에 수학 공부와 영어 공부도 자기주도적으로 했을까? 어쩌면 나이를 먹으면서 조금씩 변하기 시작한 것은 아닐까?

대학 생활을 포함해, 어른이 되어가는 동안 다양한 경험이 있었을 것이다. 해야 할 것을 하지 못해서 혹은 하지 않아서 실패를 맛보았고, 그에 대한 책임을 혹독하게 졌을 것이다. 학창 시절에 성적을 못 받으면 부모님과 선생님께 혼나는 것 말고 뭐 대단한 생각을 했을까? 빠르면 고등학교 올라가서, 늦으면 고3이 되어서야 '공부 안 한 것'에 대해 진지한 후회를 하기 시작하는 것이 보통이다. 이런 다양한 시행착오 속에서 우리는 그렇게 '철이 든' 어른이 된다.

이런 관점을 받아들인다면, 지금의 청소년이 자기주도적이지 못한 것은 이해할 수 있는 영역 안으로 들어온다. 그리고 희망이 생긴다. 청소년이 자기주도력을 갖게 하기 위해서는 철저하게 선택의 자유를 주고 동시에 책임을 지게 해야 하는데, 이는 학교의 노력만으로는 쉽지 않기 때문에 가정에서도 함께 노력해야 한다.

대치동에서 수많은 아이들과 학부모를 만나면서 분명 가정교육이 남달라 보이는 사례를 목격했다. 그들에게는 어려서부터 아이들에게 책임감을 기르도록 가정교육을 했다는 공통점이 있었다.

그런데 그런 가정교육은 쉽지 않다. 부모와 자녀의 손발이 맞아야 하고, 어른들끼리도 손발이 맞아야 한다. 엄마는 아이에게 책임감을 기르려는 가정교육을 하려고 하는데 아빠 또는 할머니가 아이를 감싸고 편을 들어주게 되면 이는 실패로 끝날 것이다.

또한 아이들은 사춘기를 지나면서 부모의 영향을 제한적으로 받게 된다. 사춘기 전에 아이를 둘러싸고 있는 사회는 가족이지만, 사춘기를 지나면서 아이는 또 다른 사회를 마주한다. 나도 그랬고, 여러분도 그랬을 것이다. 가족만큼 친구도 소중한 존재가 되는 시절이 온다.

학교에서 하는 교과목 학습 vs 교과목 밖 학습

물론 일부 청소년들은 성인의 학습과 비슷하거나 같은 수준에서 학습이 이루어지기도 한다. 나는 중학교 1학년 때부터 천문학에 대한 관심이 많았다. 1년이 넘도록 용돈을 모아 당시 시가 30만 원이 넘는 고급 천체망원경을 구입하기도 했다. 학교 과학선생님에게 책을 추천받기도 했고, 「월간 뉴턴」이라는 제법 비쌌던 과학 잡지도 정기구독했다. 아인슈타인의 상대성 이론을 이해하기 위해 수많은 밤을 지새웠고, 스티븐 호킹의 빅뱅 이론을 이해하기 위해 관련된 책들을 모두 읽으며 공부하려고 노력했다. 이런 학습 과정은 온전히 성인의 자기주도학습과 같았다.

상당히 많은 학생들이 교과 공부와는 상관없이 이렇게 자신의 호기심을 강하게 자극하는 분야를 깊이 있게 공부하곤 한다. 초등학교에 들어가기 전부터 공룡 이름을 다 외우는 아이가 있는가 하면, 초등학생이 곤충의 학명까지 모두 외우는 경우가 그런 사례다. (이 학생은 '곤충 소년'으로 불리며 대학교에 특기

자 전형으로 입학했다.)

이처럼 자신이 관심을 갖고 남다른 흥미를 느끼며 스스로 무엇인가를 열심히 학습하는 '진짜 자기주도학습'을 하는 학생을 뽑는 것이 바로 '자기주도학습 전형'이며 '입학사정관제도'이다. 당연하게도 학교에서 요구하는 자기주도학습 역량 또한 이러한 주요 교과목 밖의 학습에 한동안 초점이 맞춰져 있었다.

교과목 밖의 학습은 기본적으로 재미있다. 흥미나 호기심이 없다면 애초에 학습을 할 이유가 없고, 흥미나 호기심으로 학습을 한다면 학습의 목표가 '배우는 즐거움'[64]에 맞춰져 있는 경우가 많기 때문이다. 안 해도 되는 공부는 재미있다. 이런 공부는 누가 하지 말라고 해도 알아서 스스로 한다. 바로 자기주도학습이다.

내가 중학교 때 했던 천문학 공부와 곤충 소년의 학습은 분명 자기주도학습이다. 하지만 이는 청소년의 학교 공부, 좀 더 정확하게는 교과목 학습과는 분명 다르다.

자기주도학습에 대한
진실vs거짓

다음 퀴즈를 풀어보자. 지금까지 우리가 자기주도학습에 대해 들어본 대로, 생각하는 대로 부담없이 풀어보면 된다.

Q1. 다음 중 자기주도학습의 정의로 가장 옳은 것은 무엇일까?

(1) 자기주도학습은 교사주도학습과 구별되는 개념으로 학생이 공부의 주인 공이 되어 스스로 실천하는 학습이다.[65]

(2) 타인의 조력 여부와는 관계없이 학습자가 스스로 자신의 학습 욕구를 진 단하고, 학습 목표를 설정하며, 학습에 필요한 인적·물적 자원을 확보하 고 중요한 학습 전략을 선택하며, 자신이 성취한 학습 결과를 평가하는 데 주도권을 갖는 과정이다.[66]

(3) 자기주도학습은 청소년의 학습에서 교사나 부모가 주도권을 갖는 것이 아니라 학생 스스로 학습 전반에 걸쳐 주도권을 가지며, 학습의 선택과 실행, 평가 등 모든 측면에서 학습자가 주도성을 갖는 학습을 의미한다.[67]

Q2. 다음은 자기주도학습의 특징을 설명하는 말이다. Yes 혹은 No에 ✓ 표 해보자.

1. 자기주도학습은 청소년이 학교에서 배우는 주요 교과목의 좋은 성적을 받기 위한 학습 이론으로 연구되기 시작되었다. ☐Yes ☐No

2. 자기주도학습은 학교에서 배우는 주요 과목의 성적을 잘 받기 위한 학습법으로 실제 적용 시 학습 효과가 높다. ☐Yes ☐No

3. 자기주도학습에서 교사는 공부하는 학생의 수준에 맞춰 목표 설정을 해주어야 한다. ☐Yes ☐No

4. 자기주도학습에서 교사는 학생이 학습을 마치면 학습 결과에 대한 분석과 적절한 평가를 제공해주어야 한다. ☐Yes ☐No

5. 자기주도학습은 인지심리학, 학습심리학 등의 학문 분야의 연구에서 발달되었다. ☐Yes ☐No

6. 자기주도학습에서 학생은 학습 계획과 목표, 방법, 전략 등 거시적인 관점에서 학습 전체를 주도적으로 이끌어나가야 한다. ☐Yes ☐No

7. 자기주도학습은 학교의 교과목 학습보다는 학교 밖에서 이루어지는 교과목 외의 다양한 학습에 초점을 두고 이론이 발전되었다. ☐Yes ☐No

8. 자기주도학습은 학습자 스스로가 모든 학습 과정에 책임을 지게 된다. 따라서 무엇을 학습해야 하는가부터 자료를 찾고 학습하는 과정을 평가하는 것까지 스스로 해야 한다. ☐Yes ☐No

9. 자기주도학습은 청소년보다는 성인에게 적합한 학습법이다.
☐Yes ☐No

10. 자기주도학습은 학생 스스로가 학습 선택권과 결정권을 갖는 것이 중요하다. ☐Yes ☐No

이제 퀴즈의 답을 살펴보면서 진짜 자기주도학습이 무엇인지를 이해해보자. 첫 번째 질문은 자기주도학습의 정의로 가장 옳은 것을 고르는 것이었다.

(1) 자기주도학습은 교사주도학습과 구별되는 개념으로 학생이 공부의 주인 공이 되어 스스로 실천하는 학습이다.

→ 자기주도학습 이론을 정립한 학자인 말콤 놀즈(Malcolm S. Knowles)는 자기주도학습을 교사주도학습과 구별하는 개념으로 사용했다. 교사주도 학습은 학습자가 교사 또는 타인의 영향과 주도아래 학습이 이루어지는 것을 의미하며, 학습 목표 설정 및 학습 내용도 주로 교사에 의해 이루어 지고, 학습에 필요한 여러 가지 자원과 학습의 평가도 교사 주도로 이루 어진다. 반면 자기주도학습에서는 이 모든 것을 학생 스스로 결정할 수 있다. 따라서 '학생이 공부의 주인공이 되어 스스로 실천하는 학습이다' 라는 문장은 자기주도학습의 정확한 정의라고 보기 어렵다.

(2) 타인의 조력 여부와는 관계없이 학습자가 스스로 자신의 학습 욕구를 진 단하고, 학습 목표를 설정하며, 학습에 필요한 인적·물적 자원을 확보하 고 중요한 학습 전략을 선택하며, 자신이 성취한 학습 결과를 평가하는 데 주도권을 갖는 과정이다.

→ 이 내용은 (1)에서 소개한 놀즈가 정리한 자기주도학습의 정의이며, 자기주도학습에 대한 다양한 정의 중 가장 널리 사용되고 있는 개념이다. 여기에서 중요한 것은 다른 사람(교사, 부모, 친구 등)이 도움을 주는 것과 관계없이 학습자 스스로 학습의 시작부터 끝까지 모든 것을 스스로 선택 하고 실행하며 평가해야 한다는 것이다. 이 정의에서 볼 수 있듯, 자기주 도학습은 우리가 아이들에게 기대하는 학습과는 거리가 있고, 학생들 스 스로 하기에는 어려운 요소가 많다.

(3) 자기주도학습은 청소년의 학습에서 교사나 부모가 주도권을 갖는 것이
아니라 학생 스스로 학습 전반에 걸쳐 주도권을 가지며, 학습의 선택과
실행, 평가 등 모든 측면에서 학습자가 주도성을 갖는 학습을 의미한다.

→ 자기주도학습은 성인의 학습 패턴을 설명하기 위해 만들어진 개념이
다. 따라서 자기주도학습의 대상을 '청소년'으로 한정하는 듯한 표현은
자기주도학습의 개념을 왜곡할 수 있다.

그다음 우리는 자기주도학습의 특성을 설명한 말로 옳은 것을 고르는 문제
를 풀어보았다. 결론부터 말하자면, 1번부터 5번까지 문항은 모두 자기조
절학습에 대한 설명이고, 6번부터 10번은 자기주도학습에 대한 설명이다.

(1) 청소년이 학교에서 배우는 주요 교과목의 좋은 성적을 받기 위한 학습이
론으로 연구되기 시작되었다. (X)

→ 자기주도학습은 성인 학습자들이 교육 기관이나 교사의 도움 없이 자
신들의 학습을 수행하는 점에 주목하면서 연구가 시작되었다.[68] 대학교
혹은 대학원을 마친 성인들이 사회생활을 병행하면서 계속해서 학습을
이어나가는 데 주목하고 이와 같은 학습의 특징이 무엇인지를 규명하기
위해 탄생한 개념인 것이다.[69] 이와는 다르게 자기조절학습은 인지심리
학, 학습심리학 분야에서 학업 성취에 영향을 주는 요인이 무엇인지를
밝히고자 했던 교육학의 연구 경향이 만들어낸 학습심리 분야의 개념이
다.[70] 심리학 분야에서 자기통제에 대한 연구가 시작되면서 학습에 있어
학업 성취의 관련성에 대한 여러 응용 연구가 이루어진 결과물이 바로
자기조절학습이다.[71] [72]

(2) 학교에서 배우는 주요 과목의 성적을 잘 받기 위한 학습법으로 실제 적용
시 학습 효과가 높다.(X)

→ 우리가 흔히 가지고 있는 생각과는 반대로 자기주도학습은 학교에서 배우는 주요 과목의 성적을 잘 받기 위한 학습법으로는 적합하지 않다는 연구 결과가 많다.[73] [74] 지금까지 학교에서 자기주도학습을 구현하기 위해 많은 노력이 있었지만 현재 그에 대해 이렇다 할 평가나 보고를 찾기 어렵다는 것이다. 실제로 교육부와 일부 학회를 중심으로 그동안 제안되었던 자기주도학습의 전략이나 방안들이 실험적으로 활용되었던 사례도 있으나 그에 대한 확실한 평가나 전망을 찾기 어려우며, 자기주도학습을 어떻게 학교 학습에 구현할 수 있는지, 그리고 그것이 가능한 것인지에 대한 의심이 난무할 뿐이다. 자기주도학습 구현이 우리 학교 교육의 중요한 관심사 중 하나로 인식되고는 있지만, 정작 그것을 구현할 수 있는 구체적인 방법과 전략은 제시되지 못하고 있는 것이다.[75]

청소년의 자기주도학습은 대체로 학교 밖, 교과목 밖에서 자신이 호기심을 갖고 흥미를 갖는 특정한 부분에서 주로 발견되며,[76] 학교에서 배우는 주요 교과목에서는 아직까지 자기주도학습의 한계를 극복하지 못하고 있다.[77]

(3) 자기주도학습에서 교사는 공부하는 학생의 수준에 맞춰 목표 설정을 해주어야 한다.(X)

→ 자기주도학습은 학생 스스로 자신이 무엇을, 왜 공부하는지 성찰하는 것이 중요하다[78]고 생각하며, 학습 목표 또한 학생이 주도적으로 정해야 한다고 강조하고 있다.[79] 반면 자기조절학습은 일반적으로 학습 목표 등이 정해져 있는 경우가 많기 때문에 학생은 이 목표를 바탕으로 구체적인 학습을 어떻게 수행할 것인지가 중요하게 된다.[80]

(4) 자기주도학습에서 교사는 학생이 학습을 마치면 학습 결과에 대한 분석과 적절한 평가를 제공해주어야 한다.(X)

→ 자기주도학습은 공부의 계획과 실행, 평가 등 공부의 모든 과정을 학

생이 주도적으로 이끌어나가는 것이 중요한 학습 이론이다. 따라서 학습을 마친 후 학습 결과에 대한 분석과 평가는 학습자 스스로 완성해야 한다.[81] 반면 자기조절학습은 학습의 계획과 평가 등의 영역에서 교사의 적절한 역할이 필요하며, 학생은 교육 전문가인 교사의 도움을 통해 실제 학습과 관련된 활동에 집중할 수 있다는 장점이 있다.[82]

(5) 자기주도학습은 인지심리학, 학습심리학 등의 학문 분야의 연구에서 발달되었다.(X)
→ 자기주도학습은 성인 교육, 평생 교육의 관점에서 학교를 졸업한 성인의 자기주도적인 학습을 발견하고, 이를 설명하기 위한 개념에서 출발했다. 이에 반해 자기조절학습은 인지심리학, 학습심리학 분야의 다양한 연구들이 모여 형성된 개념이다.[83] [84] 인지심리학에서는 학습자의 학업 성취도를 높이기 위한 다양한 학습 방법에 대해 오랫동안 연구를 이어왔으며, 자기조절학습은 학습의 과정에 집중한 연구 경향이 만들어낸 산물이라고 볼 수 있다.

(6) 자기주도학습은 학습 계획과 목표, 방법, 전략 등 거시적인 관점에서 학습 전체를 주도적으로 이끌어나가야 한다.(O)
→ 자기주도학습은 거시적인 수준의 학습으로서 전반적인 학습의 궤적을 설정하는 역할을 한다. 학습의 궤적이란 앞으로 해야 할 학습을 진단하고, 학습 목표와 계획을 설정하고, 학습에 필요한 선생님, 학습 자료 등을 결정하고, 그렇게 학습을 마치면 자신의 학습에 대한 평가를 하고, 다음 단계에 필요한 학습을 다시 계획하고 목표를 정하는 모든 것을 가리킨다.[85]

(7) 자기주도학습은 학교의 교과목 학습보다는 학교 밖에서 이루어지는 교과목 외 다양한 학습에 초점을 두고 이론이 발전되었다.(O)

→ 자기주도학습은 성인 교육에 뿌리를 두고 있기 때문에 학교 환경 밖에서 배우는 것에 초점을 맞추어 연구가 시작되었다. 따라서 자기주도학습은 청소년이 학교에서 배우는 교과목에 대한 학습보다는 교과목 밖의 학습에서 발전된 것이라고 할 수 있다.[86]

(8) 자기주도학습은 학습자 스스로가 모든 학습 과정에 책임을 지게 된다. 따라서 무엇을 학습해야 하는가부터 자료를 찾고 학습하는 과정을 평가하는 것까지 스스로 해야 한다.(O)

→ 앞서 살펴본 자기주도학습의 정의와 같이, 자기주도학습은 학습의 시작에서 끝까지 모든 것을 스스로 선택하고 결정하기 때문에 학습 결과와 과정까지 스스로 책임을 져야 한다.[87]

(9) 자기주도학습은 청소년보다는 성인에게 적합한 학습법이다.(O)

→ 자기주도학습은 '성인 학습자'들이 교육 기관 혹은 교사의 도움 없이 자신들의 학습을 수행하는 점에 주목하여 연구가 시작되었다.[88] 학생들은 학습의 목적과 목표, 학습 환경 등 많은 것이 성인과는 다르기 때문에 자기주도학습을 적용하는 데 많은 한계를 나타내고 있다.[89]

(10) 자기주도학습은 학생 스스로가 학습 선택권과 결정권을 갖는 것이 중요하다.(O)

→ 자기주도학습에서 가장 중요한 것은 학습자 스스로 주도성을 갖는 것이다.[90] 학습에 주도성을 갖는다는 것은 학습 전반에 걸쳐 스스로 선택하고 학습을 수행하며 학습의 결과를 평가함에 있어 타인에 의존하지 않고 주도적으로 행동하는 것을 의미한다.[91]

Part 2.

—

이제는
자기조절학습이다

이 장에서는 실제로 청소년이 수행하기에는 무리가 있는 자기주도학습의 대안으로서 자기조절학습을 제시한다. 자기조절학습이 왜 청소년기 자기주도학습의 대안이 될 수 있는지를 조목조목 짚어보았다. 특히 교사주도학습에 대해 다시 한 번 생각해볼 수 있는 계기가 될 수 있을 것이다.

지금 당장
자기조절학습을 시작하라

자기주도학습
VS
자기조절학습

●

●

●

그렇다면 자기조절학습은 무엇일까? 자기조절학습은 학습의 과정에 집중했던 심리학 연구와, 학업 성취에 영향을 주는 요인이 무엇인지에 대한 탐구가 주된 관심사였던 교육학의 연구 경향이 만들어낸 인지심리, 학습심리 분야의 산물이다. 인지심리학 분야에서 자기통제에 대한 연구가 시작되면서 학습에 있어 학습 방법과 학업 성취의 관련성에 대한 여러 응용 연구가 이루어졌는데,[1][2] 이 과정에서 '자기조절학습'이라는 용어가 탄생했다.[3]

자기조절학습은 자기주도학습과 유사한 부분이 있어 이를 비교해서 살펴보는 것이 필요하다. 특히 '학습 계획', '학습에 대한 반성 및 평가'가 자기주도학습과 자기조절학습에 서로 비슷하게 사용되고 있어 두 개념을 쉽게 구분하기 힘든 경우가 많다. 일부 학자들은 자기조절학습을 자기주도학습의 한 부분으로 보기도 하는데, 이를 포함하여 자기주도학습을 도식화하면 [그림 3-1][4) 5)]과 같다.

[그림 3-1] 자기주도학습

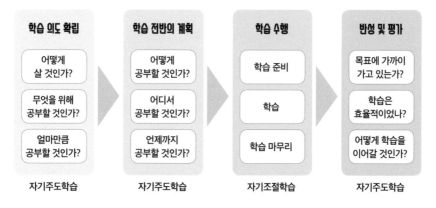

즉, 자기주도학습은 거시적인 관점에서 학습의 시작부터 끝까지 모든 것을 스스로 주도권을 갖고 결정하는 것이 핵심이다. 자기주도학습이 학습자가 학습 목표 수립, 과정 통제, 학습 자원 활용 및 자기평가를 주도적으로 실시하며 학습의 시작과 끝을 모두 결정하는 것이라면, 자기조절학습은 학습자의 학습 과정에 초점을 맞추어 효과적인 학습에 영향을 미치는 요인을 학습자 외부(학습 환경 등)보다는 학습자 자신의 특성과 역할에서 찾으려는 연구에서 비롯되었다.

자기주도학습은 '학습 의도 확립' 단계에서 자신의 꿈과 비전에 대해 깊은 고민이 있어야 하고, 이에 따라 무엇을 공부할 것인지를 스스로 판단해야 한다. 거시적 관점에서 학습의 이유와 목적을 찾는 것에서 시작하는 것이 바로 자기주도학습이다.

반면 자기조절학습은 실제 학습이 이루어지는 세 번째 '학습 수행' 단계에서 이루어지는 학습을 의미한다. 자기조절학습을 자기주도학습의 일부로 보는 견해는 이와 같은 흐름에서 이해할 수 있다. 자기조절학습자는 본격적인 학습이 이루어지는 단계의 전과 후에 자신의 학습을 미시적으로 분석하며 동기, 메타인지, 그리고 학습 전략 등과 같은 구체적인 학습의 구성 요인을 조절, 통제하게 된다.[6]

자기주도학습에서 학습의 계획은 장기적이고 거시적인 관점에서 다뤄진다. 즉, '학습 의도 확립' 단계에서 무엇을 위해, 어느 정도 공부할지를 결정하고, '학습 전반의 계획' 단계에서는 어떤 방법으로 어떤 학습 자원을 활용해 언제까지 공부할지를 계획한다. 반면 자기조절학습은 잠시 뒤에 해야 하는 학습에 대한 작은 계획을 하는 것이 핵심이다.

이러한 맥락에서 자기주도학습에서는 학습을 마치고 이루어지는 반성 및 평가 또한 거시적인 관점에서 이루어진다. 그리고 이 평가에 따라 스스로 책임을 지게 된다.

[그림 3-2]는 자기주도학습과 자기조절학습을 비교하기 위한 그림이다. 자기조절학습에서는 실제 학습이 어떻게 이루어

[그림 3-2] 자기조절학습

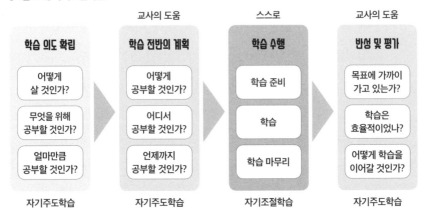

교사의 도움	교사의 도움	스스로	교사의 도움
학습 의도 확립	**학습 전반의 계획**	**학습 수행**	**반성 및 평가**
어떻게 살 것인가?	어떻게 공부할 것인가?	학습 준비	목표에 가까이 가고 있는가?
무엇을 위해 공부할 것인가?	어디서 공부할 것인가?	학습	학습은 효율적이었나?
얼마만큼 공부할 것인가?	언제까지 공부할 것인가?	학습 마무리	어떻게 학습을 이어갈 것인가?
자기주도학습	자기주도학습	자기조절학습	자기주도학습

져야 학업 성취에 긍정적인 영향을 줄 것인가가 주된 관심사이다. 따라서 자기주도학습에서 학습자 스스로 선택 및 결정해야 했던 '학습 전반의 계획'과 '반성 및 평가'는 교사의 도움을 받고, 학습자는 주도적으로 '학습'에 집중하는 것이다. 따라서 자기조절학습에서는 학습자의 능동적인 참여와 적극적인 노력이 학업 성취 향상에 기여하는 주요한 요인으로 여겨진다.[7][8]

자기조절학습은 자기주도학습의 한 부분

자기주도학습은 OECD DeSeCo와 Education 2030에서 미래 인재가 갖춰야 할 핵심 역량 중 하나로 간주되고 있으며, 국내 교육 과정에서도 중요한 개념으로 1990년대 이래 그 중요성이 계속해서 강조되고 있다.[9] 그럼에도 정작 그 의미는 매우 불분명한 개념이기도 하다. 성인 교육 분야에서조차 아직까지 통일되지 않은 개념이며, '자기주도'라는 피상적인 개념만 공유하고 있을 뿐이다.[10] [11] [12] [13] 자기주도학습에 대한 개념 모형을 확립하기 위해 다양한 연구가 진행되고 있지만, 아직 체계적인 개념 모형은 없는 것이 현실이다. 뿐만 아니라 자기주도학습이 서로 다른 교육적 현상을 지칭하는 개념으로 쓰이기도 한다.

자기주도학습과 자기조절학습은 이처럼 개념적 모호성 때문에 서로 혼용되어 사용되거나[14] 일부 학자들은 자기주도학습에 자기조절학습의 개념을 포함시켜 사용하기도 한다.[15] [16] 자기주도학습은 학교 밖의 학습에서 출발한 개념이기 때문에 성인 학습자가 학습 전반의 많은 부분에서 결정권을 갖는 학습이다. 반면 자기조절학습은 학업 성취를 높이는 데 초점을 맞추는 학습 이론으로, 학습에 대한 결정권의 범위가 자기주도학습에 비해 작다. 때문에 일부 학자들은 자기조절학습이 자기주도학습보다 좁은 개념이고, 따라서 자기주도학습의 일부분이라고 주장한다.

자기주도학습자는 자기가 학습할 내용을 선택할 수 있으며, 선택한 학습 자료를 비판적으로 평가할 수 있다. 또한 자기주도학습에서 학습 과제의 선택은 거의 전적으로 학습자에게 달려 있다. 그러나 자기조절학습에서 학습 과제는 교사가 제공한다. 학습자는 교사가 제공한 범위 내에서 학습 활동을 선택한다. 예를 들어 영어, 수학, 과학 등 학교 교육 내 학습자의 학습 과정에서 학습자는 개인의 학습 전략과 학습 활동 참여를 선택할 수 있다.

즉, 자기조절학습은 학습 목표와 전략 등과 같은 학습의 연속적인 단계에 관심을 가지는 반면, 자기주도학습은 학습 과제의 계획(시작)부터 평가(끝)까지 전적으로 학습자에게 결정적인 역할을 부여한다. 자기주도학습은 학습 환경을 포함한 학습 과정 및 학습자의 인성적 특성을 포함한 폭넓은 관점의 개념인 반면, 자기조절학습은 자기주도적인 학습 전략에 초점을 맞춘 학습 과정 위주의 개념이라고 할 수 있다.[17]

이와 같이 자기조절학습이 자기주도학습의 하위 개념이라는 관점을 받아들인다면, 자기조절학습은 학습자가 스스로 선택하고 결정해야 하는 범위를 학습 방법 및 전략으로 축소해서 볼 수 있다. 반면 자기주도학습자는 왜 학습을 해야 하며 무엇을 학습해야 하는지에 대한 문제를 주체적으로 사고하고 학습의 목적과 학습 내용을 주도적으로 탐색하며 결정하는 학습자의 주체적인 역할을 중요하게 다룬다. 이는 초기 자기주도학습 이론의 취약점을 극복하기 위한 방향으로 볼 수 있다.[18][19]

자기주도학습과 자기조절학습의 공통점

한편, 자기주도학습과 자기조절학습은 가까운 이웃이며 서로 중복되는 개념이 있다는 점에는 대부분의 학자들이 동의하고 있다.[20] 인지심리학과 학습심리학 분야의 학자들조차 자기주도학습과 자기조절학습이라는 용어를 종종 상호 교환하여 사용했다.[21] [22] [23]

사실 자기주도학습과 자기조절학습은 개념적으로 중첩되는 기본 정의가 많다.[24] 많은 학자들이 두 개념의 구분을 위한 연구를 했는데, 두 학습에는 다음과 같은 몇 가지 공통점이 존재한다.[25] [26]

첫째, 학습자의 적극적 참여다. 자기주도학습과 자기조절학습을 비교한 연구들은 두 학습 모두 학습자의 적극적인 참여와 책임을 요구한다고 주장했다. 자기주도학습과 관련해 가장 많이 사용하는 놀즈의 정의는 다음과 같다.[27]

"가장 광범위한 의미로 자기주도적 학습은 한 개인이 다른 사람의 도움이 있거나 없는 상황에서 학습의 필요성을 진단하고, 학습 목표를 수립하고, 학습에 필요한 인적·물적 자원을 확인하고, 적절한 학습 전략을 선택하고 실행하며, 학습 결과를 평가하는 과정에 '주도권을 가지는 것'이다."[28]

즉, 학습자 스스로가 자신의 학습 과정 전반을 적극적으로 주도해야 한다는 말이다.[29]

또한 랄프 브로켓(Ralph G. Brockett)과 로저 힘스트라(Roger Hiemstra)는 성인 학습에서의 자기주도(self-direction)라는 개념을 정리하면서 두 가지 차원이 통합된 모델을 제시했다.[30] 첫 번째 차원은 일반적으로 정의해온 자기주도의 개념으로 학습자 스스로 학습 과정을 계획하고 구현하고 평가하는 일차적인 책임을 지는 것이고, 두 번째 차원은 학습자의 내부 특성으로 학습에 대한 책임을 위해 스스로 가지는 갈망(desire)의 정도 또는 선호도를 의미한다. 이 모델은 '개인의 책임(personal responsibility)' 개념에서 시작되는데, 학습자는 자신의 생각과 행동에 대한 소유권을 가지고 있다는 것이다.

자기조절학습 역시 학습자 스스로 학습에 자발적인 참여를 할 것을 주장한다. 모니크 뵈캐르츠(Monique Boekaerts)의 모델은 감정적인 측면을,[31] 린 코르노(Lyn Corno) 모델은 자발적인 측면을,[32] 필립 윈(Philip Winne)의 모델은 자기조절학습의 인지적인 측면을 강조한다.[33][34] 어느 모델이든 공통적으로 자기조절학습은 학습자가 목표를 설정하고, 학습 과정을 모니터링하며, 다양한 인지 및 자발적 전략을 사용하여 학습 방향을 지시한다고 가정한다.[35][36]

자기조절학습 모델 중 가장 많이 사용되는 것은 배리 짐머만(Barry Zimmerman)의 정의인데, 그에 따르면 자기조절은 메타인지적, 동기적, 행동적으로 학생들이 자신의 학습 과정에 능동적인 참가자가 되는 것을 말한다. 또한 그러한 학생들은 교사, 부모 등 다른 교육 주체들에 의존하기보다는 지식과 기술을 습득하기 위해 스스로 노력을 기울이고 총괄한다.[37)

요약하자면, 자기주도학습과 자기조절학습 모두 학습자의 적극적인 참여를 전제로 하고 있으며 학습에서 책임과 통제 문제를 다루고 있다.[38)

둘째, 학습 목표 성취를 위한 행동 과정이다. 앞에서 살펴본 놀즈의 정의처럼 자기주도학습은 '학습의 필요성을 진단하고, 학습 목표를 수립하고, 학습에 필요한 인적·물적 자원을 확인하고, 적절한 학습 전략을 선택하고 실행하며, 학습 결과를 평가하는 과정'을 거친다.[39) 자기조절학습에서도 학습 목표를 성취하기 위해 유사한 과정을 거친다. 짐머만은 이를 사전숙고(forethought), 수행(performance)이나 자기통제(self-control), 자기반성(self-reflection)으로 불렀다.[40) 이후 폴 핀트리치(Paul R. Pintrich)는 "자기조절학습의 일반적인 수행에 대한 정의는 학습자가 학습을 위한 목표를 설정한 후 자신의 인지, 동기, 행동을 감시하고(monitor), 조절하며(regulate), 통제하려고(control) 시도하는 능동적이고 건설적인 과정"이라고 기술했다.[41)

요약하자면, 두 학습 이론은 세부적인 개념에서 차이가 있지만 큰 틀에서 모두 목표 지향적인 행동을 시작으로 목표 설정, 과제 분석, 계획 성취, 학습 과정의 자체 평가가 동반된다.[42)

셋째, 메타인지 활용이다. 자기주도학습은 초기에 성인 교육학을 기반으로 한 앨런 터프(Allen M. Tough)의 연구로부터 발전했기 때문에 인지적 요인에 대한 접근이 없었지만, 연구가 진행되면서 심리학 분야의 연구로 확장되었고 인지와 메타인지 개념이 포함되었다.[43] 휴이 롱(Huey B. Long)은 자기주도학습에서 메타인지의 중요한 역할에 대해 강조했다.[44] 자기주도가 학습에 사용되는 인지 과정의 중요한 측면에 대한 의식적인 자각을 필요로 한다는 것이다. 자기조절학습의 경우 심리학을 기반으로 인지와 메타인지 개념 및 기능에 초점을 맞추어 초기 모델이 만들어졌고 메타인지는 자기조절의 중심 개념이었다.

메타인지란 스스로의 생각에 대한 지식을 말하며, 자신의 생각에 대한 반성(reflection) 및 생각의 과정에 대한 이해를 의미한다. 이 메타인지적 신념(metacognitive belief)은 학습자가 의도적이고, 자기주도적이며, 자기비판적이라는 관점을 포함하고 있다.[45] 자기주도학습과 자기조절학습은 모두 동기부여, 관리, 감시의 세 가지 중심 구조가 존재하는데, 메타인지적 신념이 이 세 가지 중심 구조를 하나로 묶어준다.

다시 말해 메타인지는 반성(reflection)과 행동 사이를 매개하고 있으며 자기주도학습과 자기조절학습에서 자기평가 및 반성과 전략적인 과제 통제 사이의 다리 역할을 하는 핵심 개념이다.[46]

넷째, 학습자의 내적 동기다. 자기주도학습과 자기조절학습 모두 내적인 동기가 중요한 요소다. 의지적인 측면이 없으면 학습자는 자기주도학습과 자기조절학습을 해낼 수 없다.[47] 자기조절학습에서는 앨버트 반두라(Albert Bandure)의 자기효능감을 중심으로 한 사회인지적 연구 등 특히 동기의 측면이 지속적으로 강조되어왔는데, 이들은 자기효능감과 같은 흥미와 동기적인 구조에 주된 초점을 두고 어떻게 동기가 자기조절학습을 지속시킬 수 있는지를 연구했다.[48] 자기주도학습에서는 상대적으로 동기적 측면에 대한 강조는 적었지만 D. 랜디 개리슨(D. Randy Garrison)의 자기주도학습 모델에서 자기관리, 자기감시, 동기 차원을 통합하여 설명했고, 이 모델을 기반으로 몇 연구들이 동기부여의 역할에 대한 중요성을 연구해왔다.[49]

자기주도학습과 자기조절학습의 차이

앞에서 언급했듯, 자기주도학습은 성인 교육학에서 출발한 개념이며 자기조절학습은 인지심리학에서 출발했다. 자기주도학습은 학교 밖의 학습에서 개념이 완성되었고, 자기조절학습의 경우 학교라는 환경 내의 학습에서 그 개념이 완성되었다. 이 외에도 자기주도학습과 자기조절학습은 여러 차이점이 존재하며, 이러한 차이점 때문에 두 학습을 동일한 개념으로 설명하는 것은 바람직하지 않아 보인다.

실제 학교에서도 청소년 학생들에게 자기주도학습을 가르치기 위한 다양한 접근과 연구가 있었고 학교 밖에서도 다양한 자기주도학습 프로그램이 만들어졌지만, 여전히 이렇다 할 성과를 내지 못하고 있는 것은 자기주도학습과 자기조절학습을 구분하지 못한 데 일정 부분 그 원인이 있다. 특히 청소년 학습자를 둘러싼 관계자들이 자기주도학습과 자기조절학습의 개념을 구분하지 못해서 발생하는 여러 문제점을 해소하기 위해서는 두 개념을 구분해서 사용하는 것이 필요하다.[50] [51] [52] [53] [54]

자기주도학습과 자기조절학습의 공통점과 주된 차이점을 정리해보면 다음 그림과 같다.[55]

[그림 3-3] 자기주도학습 vs 자기조절학습

구분	자기주도학습	자기조절학습
학습자의 역할	학습자가 자유롭게 목표와 학습 방법 선정	주로 교사에 의해 학습 목표 선정
자기주도 범위	거시적 관점	미시적 관점
	학습 계획, 학습 방법 등 학습 전반의 과정	단기적인 학습 목표, 전략
학습 장소	주로 학교 밖에서 이루어짐	학교 환경 안에서 이루어짐
적합한 연령대	대학원생 이상의 성인	중학교~대학교
공통점	학습자의 적극적 참여	
	학습 목표 성취를 위한 행동 과정	
	메타인지 활용	
	학습자의 내적 동기	

자기주도학습과 자기조절학습의 차이에 대해 좀 더 자세히

살펴보자. 둘 간의 차이를 이해하기 위해서는 학습 환경을 어떻게 만들어갈 것인가와 어떤 방법으로 학습할 것인가의 두 가지 측면에서 구별이 이루어져야 한다.[56] 자기주도학습은 두 가지 모두를 포함하지만, 자기조절학습은 일반적으로 학습자의 특성으로만 설명된다. 이는 두 연구의 서로 다른 배경 때문이라고 이해할 수 있다.

자기주도학습은 성인 교육에 뿌리를 두고 있으며 학교 환경 밖에서 배우는 것에 초점을 맞추었다. 반면에 자기조절학습은 학교에서 이루어지는 학습 안에서 연구되어왔기 때문에 학습 환경이라는 부분에 초점을 맞출 필요가 없었다. 자기주도학습은 학습 과정뿐만 아니라 학습이 이루어지는 환경 역시 구성되어야 하므로 학습 환경의 설계 특징에 대한 개념화가 이루어졌다. 이 학습 환경은 학생들이 후속 학습으로 이어질 수 있도록 자기 주도를 촉진시키는 방향(한 단계의 학습이 완료된 이후에 다음 단계로의 학습이 어떻게 이어져야 하는지)으로 설계되어야 한다는 것이다.

이러한 관점에서 보면 자기주도학습의 개념이 자기조절학습보다 넓으며, 소피 로엔스(Sofie M. Loyens)는 자기주도학습이 자기조절학습을 포함하며 그 반대는 적용되지 않는다고 했다.[57] 캔디의 자기주노학습 모델에 따르면, 자기주도학습자는 배워야 할 것을 스스로 정의할 수 있어야 한다.[58] 따라서 학교라는 제한된 환경 밖에서는 학습자가 스스로 학습할 것을 선택해야 하고, 선택한 학습 자료에 대한 비판적 평가도 요구된다. 하지만 자기조절학습에서는 교사가 학습 과제를 만들어줄 수 있다. 학생들은 다양한 방식으로 자유롭게 학습 전략을 선택하고 교사가 주는 과제 안에서 자기조절학습 활동을 할 수 있다.[59]

요약하자면, 자기주도학습의 경우 학습 의도 확립과 같은 학습의 초기 단계부터 학습자에게 중요한 역할을 부여하는 반면, 자기조절학습은 학습 전략과 같은 과정에 많은 관심을 둔다. 자기주도학습과 자기조절학습을 비교한 존 샌더스(John Sandars)의 연구에서는 이에 대해 다음과 같이 기술했다.

"자기주도학습은 학습자에 의해 채택된 일반적인 학습 방식을 기술하는 반면, 자기조절학습은 명확하게 정의된 과제와 관련하여 핵심 학습 과정에 특정한 초점을 두고 있다."[60]

헬렌 요스버거(Helen Jossberger) 등은 자기주도학습을 거시적 수준(macro level)으로, 자기조절학습을 미시적 수준(micro level)으로 표현했다.[61]

또한 자기주도학습에서 자기주도학습자는 자신의 학습에 책임을 가지고 학습에 대한 접근법을 발전, 구현 및 평가한다.[62] 반면, 자기조절학습은 고도로 전략적이며, 특정한 학습 목표를 성취하기 위해 다양한 핵심 인지 및 메타인지 과정을 사용한다. 여기에는 자기효능감의 증대를 통한 동기부여, 목표를 위한 진행에 대한 자체 모니터링, 목표와 동기, 귀인 믿음에 대한 적응적 변화 등이 포함된다. 다시 말해 자기조절학습에 대한 연구는 주로 자기조절의 방법, 즉 학생들이 원하는 높은 학업 성취를 '어떻게' 얻을 것인가에 초점을 맞추고 있다. 즉, 학생들이 원하는 결과를 향해 어떻게 나아가고 있는가라는 구체적 사항에 관심이 있는 것이다.[63] [64]

따라서 자기주도학습에서는 전반적인 학습 경로를 설정하는 역할, 다시 말해 한 단계의 학습을 마무리한 이후에 다음 단계에 필요한 학습을 진단하고, 학습 목표를 설정하고, 그리고 다음 단계의 학습에 필요한 인적·물적 자원을 결정하는 단계를 거친다. 또한 어떻게 학습자 스스로 효과적인 학습이 이루어질 수 있는지를 판단해야 한다.[65] 이에 비해 자기조절학습은 구체적인 과업을 수행할 때 인지, 동기, 행동에 대한 적응적인 조절 전략을 어떻게 사용하는지를 결정한다. 따라서 자기조절학습을 통해 학습 과정에 조절 능력이 생긴다는 것은, 특정한 학습을 수행할 때 필요한 중요한 기술들을 습득한 것으로 볼 수 있다.[66]

자기주도력은
있거나 없는 것이 아니다

●

●

●

　지금까지 정리된 자기주도학습의 핵심은 '학습자가 주체가 되어 학습 과정을 스스로 이끌어나가는 학습 활동'을 의미한다.[67] 연구자들은 자기주도학습의 개념에서 '자기주도(Self-directed)'의 개념을 분명히 하기 위해 '교사주도(Teacher-directed)'의 개념과 구별하여 설명했다. 교사주도학습은 교사의 영향과 주도아래 학습자의 학습이 이루어지는 것을 의미한다. 즉, 학습 목표 설정 및 학습 내용 결정도 주로 교사에 의해서 이루어지며, 학습 과정에 필요한 자원 확보와 학습에 따른 평가도 교사주도로 이루어진다.[68]

　여기에서 우리는 자기주도력이 없거나 부족한 학습자를 어떻게 자기주도학습자가 되도록 교육할 수 있을 것인지에 대한 답을 찾을 수 있을 것이다. 즉, 자기주도력은 있거나 없거나 하는 이분법적인 개념이 아니라, 다양한 수준의 자기주도력을 갖는 학생이 혼재한다. 그렇다면 교사는 분명 학생에게 부족한 부분을 채워주며 학습자 스스로 공부의 중심에 설 수 있도록 도움을 줄 수 있지 않을까?

먼저 자기주도학습과 교사주도학습의 차이점을 정리해보면 다음과 같다.[69][70]

[그림 3-4] 자기주도학습 vs 교사주도학습

구분	교사주도학습	자기조절학습
학생	의존적인 존재	자율적인 존재
학생의 경험	교사의 교육 내용이 중요	학생들의 다양한 경험이 학습의 중요한 자원
학습의 준비도	동일 학년의 학생은 학습의 준비도가 동일	동일 학년의 학생일지라도 학생마다 학습의 준비도는 다름
학습의 지향점	교과 중심	과제 또는 문제해결 중심
학생의 학습 동기	외재적 동기	내재적 동기

출처: 한국교육개발원(2011)

이 표를 살펴보면, 학생의 특성과 관련된 두 가지 항목을 이분법적으로 구분하고 있는 것을 알 수 있다. 두 가지 개념에서 '학생'의 존재를 자기주도학습에서는 자율적인 존재로, 교사주도학습에서는 의존적 존재로 구분했고, '학생의 학습 동기'는 외재적 동기와 내재적 동기로 구분했다.

하지만 사람을 이렇게 단순한 이분법적으로 나누는 것이 가능할까? 혹시 자율적이면서 의존적인, 무엇인가 복합적인 존재일 수는 없을까? 학습 동기 또한 외재적 동기와 내재적 동기가 상반되는 개념이 아닌 것은 아닐까?

있다-없다 vs 많다-적다

전통적인 동기 이론에서는 사람이 과제를 수행하는 이유가 외적인 이유에서 비롯된 것인가 아니면 내적인 이유에서 비롯된 것인가로 개념화했고, 내재적 동기와 외재적 동기는 양극단에 존재하므로 서로 양립이 불가능한 것으로 보는 견해가 지배적이었다.[71] 즉, 어떤 일을 하고자 하는 마음, 즉 동기가 생겼다면 그 원인이 외재적인가 혹은 내재적인가로 구분하는 것이다. 여기서 외재적이라는 것이라는 것은 외부의 자극에 따라 반응한다는 것으로 좋은 성적을 받기 위한 이유가 보상을 받거나 칭찬을 받는 것일 때를 말한다. 반면 내재적이라는 것은 본인 스스로의 마음이 움직이는 것이다. 예를 들어 어떤 내용이 궁금해서 알고 싶을 때 스스로 찾아보는 공부는 내재적 동기이다.

그러나 1980년대 이후 내재적 동기와 외재적 동기의 관계에 대한 새로운 시각의 연구와 해석이 제기되었다. 마크 모건(Mark Morgan)(1984)은 한 개인의 내재적 동기가 높으면 외재적 동기

가 낮아지는 것이 아니라 외재적 동기 역시 높을 수 있는 부가적인 관계에 있다고 주장하였다.[72]

이러한 동기에 관련된 연구가 누적되면서 연구자들은 내재적-외재적으로 구분하는 이분법적 사고로는 설명하기 어려운 동기를 설명할 수 있는 이론들을 만들어냈고, 그중 대표적인 동기 이론은 리처드 라이언(Richard M. Ryan)과 에드워드 데시(Edward L. Deci)가 제시한 자기결정성 이론(Self-Determination Theory)이다.[73]

자기결정성이론은 개인의 내재적 동기를 결정하는 변인으로서 자기결정성을 강조하는 개념으로, 인간은 자율적이고자 하는 욕구가 있다고 보며 '자율성'을 핵심 개념으로 간주한다. 또한 외재적 동기와 내재적 동기의 관계를 경계가 분명히 구분되는 대립적인 것으로 보는 것이 아니라 두 동기를 하나의 연속선상에 놓고 자기결정성의 정도, 즉 한 개인에게 자율성이 얼마나 있는가를 중심으로 외재적 동기의 유형을 좀 더 세분화했다.

예를 들어 인간의 자율성을 0에서 100까지로 측정하고 자율성에 따라 동기를 구분한 것이다. 마치 학교 시험 점수를 0점부터 100점으로 점수를 매기고, 70점에서 89점까지는 성취등급 B, 90점 이상은 성취등급 A로 구분하는 것과 같다. 즉, 인간의 자율성은 전혀 없거나, 아주 조금 있거나, 조금 많이 있거나, 보통 정도이거나, 보통보다는 조금 많거나, 많은 편이거나, 아주 많거나, 완벽하게 자율적이거나 등으로 자율성의 정도에 따라 구분할 수 있다는 것이다.

그러나 이보다 훨씬 더 다채로운 존재가 인간이다. 뿐만 아니라 어떤 상황에서는 자율성이 높지만 어떤 상황에서는 자율성이 낮기도 하다. 예를 들어 직장 상사들이나 어르신과 함께 있을 때는 자율성이 조금 낮은데 친한 친구들이나 후배들과 있을 때는 자율성이 높다. 친구와 있을 때의 나의 모습과 처음 만난 사람들과 함께 자리하고 있을 때의 나의 모습은 분명 다르다. 즉, 인간의 내면적 특징인 자율성은 있거나 없는 것이 아니라 많고 적은 것 사이에 무수히 많은 자율성이 존재할 수 있고, 상황에 따라서 얼마든지 변할 수 있다. 내재적 동기 또한 마찬가지다.

교사-학생 조합과 자기조절학습

●

●

●

앞에서 살펴본 자기주도학습과 교사주도학습을 비교한 표([그림3-4])를 보면, 자기주도학습에서는 학생은 자율적인 존재이며 내재적 동기를 갖는다고 보는 반면, 교사주도학습에서는 학생들은 의존적인 존재이며 외재적 동기를 갖는다고 본다. 하지만 현재 거의 대부분의 학자들이 사용하고 있는 동기 이론에 따르면 외재적 동기와 내재적 동기는 서로 상반되는 개념이 아니라 서로 영향을 미치지 않는 독립적인 개념으로 두 가지 동기가 동시에 높거나 낮을 수 있다. 즉, 칭찬도 받고 싶으면서 새로운 지식을 얻었을 때 배움의 즐거움을 느낄 수 있고, 이러한 느낌을 지속적으로 얻기 위해 계속해서 공부하는 사람이 있다는 것이다.

요약하자면, 자기주도학습자도 외재적 동기를 가질 수 있고, 교사주도학습자도 내재적 동기를 가질 수 있다. 얼마든지 자율성을 추구하는 존재일 수 있다는 말이다.

같은 맥락에서 학습의 주도권을 100퍼센트 학생이 갖거나 혹은 100퍼센트 교사가 갖는 것처럼 둘 중 한 사람만 갖는 것은 아닐 수 있다는 결론을 내리는 것이 가능하다. 상황에 따라서, 학습 내용에 따라서 주도권은 학생과 교사가 나눠 가질 수 있고, 공유할 수 있다. 교사와 학생 사이의 상호작용이 빈번한 학습 환경에서는 학생과 교사가 각자의 역할을 나누어 학업 성취를 극대화할 수 있는 훌륭한 조합도 만들 수 있을 것이다. 즉, 교사와 학생이 환상의 팀이 될 수 있다.

학교 교육의 경우 많은 것들이 정해져 있다. 학년, 학기에 따라, 심지어 매달, 매주 공부할 진도가 정해져 있다. 뿐만 아니라 각 단원에서는 학생들이 무엇을 배워야 하는지 학습의 목표까지 정해져 있다. 다시 말해 내가 언제, 무엇을, 어떤 목표를 갖고 공부를 해야 하는지 큰 고민을 하지 않아도 된다는 의미이다. 물론 학생마다 성적과 배경지식, 학습 내용의 이해도 등이 다르기 때문에 자신의 수준에 맞는 학습을 하기 위해 학습 목표를 수정해야 할 필요가 있을 수 있다. 하지만 이 또한 대부분 선생님에게 도움을 받을 수 있고, 필요한 경우 사교육의 도움을 받을 수 있다.

학생에게 도움이 될 수 있는 교사주도학습

그래서 자기주도학습의 반대 개념으로 교사주도학습을 정의하는 것이 아니라 교사주도학습의 개념을 살짝 변형하면 학생들에게 많은 도움이 될 수 있다. 모든 교사는 교사가 되기 위해 많은 양의 공부를 수행한다. 교육학개론, 교육심리학, 교육공학, 교육철학, 교육방법론을 비롯해서 주요 교과목의 지도 방법까지 최소 4년에서 길게는 6년 이상 깊이 있는 공부를 통해 충분히 숙달하고, 학교 교사의 경우 임용고시를 통해 교사가 될 수 있는 자격을 국가로부터 검증받는다.

따라서 이들은 학생들에게 어떤 교육을 제공할 것인지, 학습자의 특성에 맞춰 어떻게 눈높이 교육을 진행할 것인지, 학생들이 가지고 있는 잠재력을 어떻게 끌어올릴 것인지에 대해 다양한 지식과 노하우를 갖고 있으며, 교육 현장에서 쌓은 경험을 통해 많은 아이들에게 효과적인 도움을 제공하고 있다.

뿐만 아니라 교사들은 누구보다 자기주도학습이 무엇인지 정확하게 이해하고 있고, 미래 사회에는 학습자의 자기주도학습 능력이 필요하다고 인식하고 있다. 한국교육과정평가원에서는 교사들의 자기주도학습에 대한 생각을 조사했는데, 응답자 531명 중 98.1퍼센트의 교사들이 학교급에 상관없이 자기주도학습이 필요하다고 응답했다. 응답자 중 자기주도학습이 필요하지 않다고 응답한 교사는 모두 10명이었는데 이들은 그 이유로 '학생들 스스로 공부하기에는 아직 부족한 점이 많아서', '학생들이 공부하는 방법을 아직 모르기 때문에', '학생들의 학업 성취에 도움이 되지 않아서' 등을 꼽았다.

같은 연구에서 절반이 넘는 교사들이(50.7퍼센트) 자기주도학습이 필요한 이유로 '미래 사회는 학습자의 자기주도학습 능력을 필요로 하기 때문에'라고 응답했다. 면담 조사의 결과도 비슷했다. 더불어 교사들은 '청소년들은 자기주도학습능력 신장을 위해 성인의 안내가 필요한가?'라는 질문에 '그렇다'(58.4퍼센트), '매우 그렇다'(14.9퍼센트)라고 응답했는데, 이는 학생의 자기주도학습 능력을 키워주기 위해 교사나 학부모 등 성인의 지도가 필요하다고 인식하고 있음을 말해준다.

이와 같은 교사의 자기주도학습에 대한 인식을 바탕으로 학교 수업 현장에서 어떤 교육이 펼쳐질 것인지를 생각해보자. 장기적인 관점에서 학생들에게는 자기주도학습 능력이 필요하기 때문에 교사는 학생들이 자기주도학습 능력을 키워갈 수 있도록 학습자들에게 자기주도학습의 기회를 제공할 것이다. 교육부에서도 자기주도학습의 중요성을 강조하고 있기 때문에 일선의 교사에게 어떤 방식으로 가르쳐야 학생들의 자기주도학습 능력을 키워줄 수 있는지 각종 연수를 통해 지속적으로 알려줄 것이다. 그리하여 궁극적으로 많은 학생들이 자기주도학습자가 될 수 있도록 노력할 것이다.

청소년 자기주도학습의 한계를
극복하기 위하여

교육당국과 교육정책 입안자, 교육을 연구하는 학자, 그리고 일선 교사들은 지난 20년간 이와 같은 노력을 아끼지 않았을 것이다. 그러나 아쉬운 것은 교육을 둘러싼 다양한 전문가들의 노력이 과연 학교에서 자기주도학습 구현에 어느 정도로 기여했는가에 대해서는 이렇다 할 평가나 보고를 찾기 어렵다는 점이다. 교육부와 일부 학회를 중심으로 그동안 제안되었던 자기주도학습의 전략이나 방안들이 실험적으로 활용되었던 사례도 있으나, 그에 대한 확실한 평가나 전망을 찾기 어려우며, 자기주도학습을 어떻게 학교 학습 환경에 구현할 수 있는지, 그리고 그것이 가능한 것인지에 대한 의문을 지울 수 없는 것이 현실이다.

이와 같은 근본적인 한계점이 어디에서 오는 것인지 우리는 원점에서 다시 검토해볼 필요가 있다. 지난 20년간 다양한 시도가 있었지만 학생들의 자기주도학습 능력 향상에 많은 어려움이 있다는 것은 우리가 아직 발견하지 못한 어려움이 있거나, 극단적으로는 청소년의 학교 학습, 특히 국어, 영어, 수학 등 주요 교과목 학습에는 자기주도학습을 적용하기 어렵기 때문일 수 있다. 이러한 어려움은 학교 교육 환경이 자기주도학습을 구현하기에 적합하지 않은 것일 수도 있고, 학습자들의 역량이 부족하기 때문일 수도 있다. 또한 지금까지 연구되어온 자기주도학습 모형의 문제일 수도 있다.

그렇다면, 그동안의 노력이 뚜렷한 성과를 내지 못했다면, 이제는 새로운 접근 방법을 시도해볼 가치가 있지 않을까? 물론 한쪽에서는 지속적으로 자기주도학습을 학교 교육에 어떻게 적용시킬 수 있을지 끊임없이 연구하고 새로운 자기주도학습 모형을 찾는 노력을 아끼지 말아야 한다. 하지만 또 한편으로는 그동안의 접근 방법과는 다른 관점에서 궁극적으로 학습자의 자기주도학습 역량을 키울 수 있는 방법을 고민해봐야 할 것이다.

교사주도학습의 밝은 면

아일랜드의 더블린에 있는 비콘 병원의 임상심리학자 피오나 오도허티(Fiona O'Doherty)의 말을 빌려, 이를 청소년의 학습 환경에 적용해 살펴보자.

한 아이가 있다. 이 아이는 학업 성취가 우수한 친구를 보며 어떻게 그가 높은 학업 성취를 얻을 수 있는지 생각해본다. 그 친구는 그 방법을 알고 있다. 그는 그 높은 곳까지 사다리를 타고 올라갔는데, 그 사다리에는 많은 발판이 있다. 이 발판들을 하나씩 밟고 올라간 것이다. 어떤 발판은 행운이었고, 어떤 발판은 끈기였고, 또 어떤 발판은 갈고닦은 기술이었다. 그런데 이 친구는 그 사다리를 숨겨버린다.[74]

이런 경우는 주변에서 쉽게 목격할 수 있다. 시험 당일, "어떻해. 나 어제 일찍 자버려서 공부를 얼마 못했어. 망했어."라고 말하는 새침떼기 친구 말이다.

공부에 있어서 오도허티가 비유한 사다리는 최고의 성적을 얻기 위한 공부 방법의 로드맵이다. 누구나 최상위권, 아니 그 너머의 극상위권으로 가기 위해서는 가장 아래에 있는 첫 번째 사다리의 발판을 딛고 올라서는 것으로 공부를 시작해야 한다. 하지만 많은 학생들은 전교 1등의 학습 기술에만 관심을 두거나, 그 친구의 자기주도적인 모습에 일찌감치 포기해버린다.

한편으론 실망스러울 수 있겠지만, 1등급이 해야 하는 공부가 있고, 5등급이 해야 하는 공부가 있다. 누구나 1등이 되고 싶어 1등의 공부법을 따라 하고 싶어 한다. 그러나 나에게 필요한 것은 지금 나에게 맞는, 내가 올라설 수 있는 발판이다.

자기주도학습도 마찬가지이다. 온전한 자기주도학습은 어떤 인생을 살 것인지, 공부의 이유는 무엇인지에 대해 스스로 생각하고, 어떤 공부를 어떤 방법으로 해야 할지를 스스로 결정해야 한다. 어떤 책으로 개념을 익히고, 어떤 문제집을 풀 것인지, 어느 학원에 다닐지, 혹은 과외를 받을지, 어떤 인강을 어떻게 들을 것인지 등 모든 것을 스스로 판단하고 선택해야 한다. 심지어 이런 선택이 내 학습에 어떤 결과를 가져왔는지를 스스로 평가하고, 지금까지 해온 공부의 어느 지점을 수정하거나 유지해야 하는지도 결정해야 한다. 그리고 이 모든 선택의 책임도 스스로 져야 한다.

당연히 이런 능력은 배운다고 한 번에 할 수 있게 되는 것이 아니다. 자기주도학습 능력은 오랜 시간 동안 다양한 시도를 해보고, 크고 작은 실패를 통해 교훈을 얻으면서 조금씩 생겨나는 능력이다.

다행히 학교라는 특수한 환경 속에서 이루어지는 교육은 선생님의 도움으로 사다리의 맨 아래 발판 몇 개는 건너뛸 수 있다. 러시아의 교육학자 레프 비고츠키(Lev Vygotsky)는 학습자가 스스로 도달할 수 있는 '실제적 발달 수준'과 스스로 도달할 수

[그림 3-5] 근접발달영역

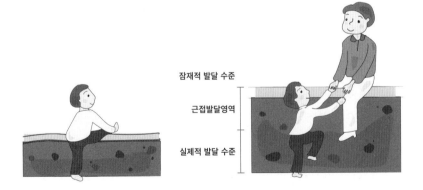

잠재적 발달 수준

근접발달영역

실제적 발달 수준

는 없지만 선생님의 도움을 받으면 해낼 수 있는 '잠재적 발달 수준' 사이의 영역을 '근접발달영역(ZPD)'라고 말했다.

비고츠키에 따르면, 교사는 학습자의 근접발달영역을 실현하기 위해 적절한 도움을 주어야 하며, 이를 위해서는 '비계'를 잘 활용해야 한다. 비계란 [그림 3-6]과 같이 높은 건축물을 짓는 공사를 할 때 높은 곳에서 일할 수 있도록 설치하는 임시 발판이다. 교육에서 비계란 학습자가 스스로 도달할 수 있는 수준보다 더 높은 수준에 도달할 수 있도록 임시로 발판을 만들어준다는 개념이라고 할 수 있다.

이미 높은 곳에 올라 있는 학생들이 스스로 밟고 올라갔던 그 사다리를 한 번에 여러 칸씩 빠르게 올라갈 수 있도록 해주는 것이 바로 비계다. 즉, 공부의 지름길이다. 이러한 공부의 지

[그림 3-6] 비계

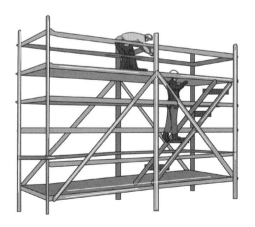

름길이 있다면, 즉 교사의 적절한 도움이 있다면 혼자 할 수 없었던 공부도 결국 혼자 해낼 수 있다.

그렇다면 교사는 어떤 도움을 주고, 학습자는 어떤 학습을 하면 좋을까?

자기조절학습 + 교사의 도움 ≒ 자기주도학습

앞서 살펴본 한국교육개발원의 연구를 보면, 교사들은 학생들의 자기주도학습 역량을 키워주기 위해 적절한 도움을 주어야 한다고 인식하고 있다. 이제 학습자 스스로 해야 할 것과 교사의 도움이 필요한 부분을 살펴보자.

궁극적 목적은 청소년 학습자들이 자기주도학습 역량을 갖추는 것이다. 따라서 우리는 청소년들에게 자기주도학습의 절차와 방법을 지도하고 이들이 충실한 자기주도학습자로 홀로 설 수 있도록 안내해야 한다. 하지만 역설적이게도 자기주도학습 역량을 갖추기 위해서는 자기주도적이지 않은 방법을 사용해야 한다.

바로 교사주도학습이다. 단, 학습자는 의존적 존재이며 학습동기는 외재적 동기로 구성된, 자기주도학습의 반대 개념으로서의 교사주도학습이 아니라 교사가 학습 조력자로 기능하는 교사주도학습을 의미한다. 학습 조력자로서의 교사는 학습 전반의 계획과 학습의 반성 및 평가를 주도적으로 이끌어주는 역할을 하며, 실제 학습 수행 단계에서는 학생의 자발적인 참여를 이끌어내 자기조절학습을 유도한다.

　교사주도학습은 'Teacher-Directed Learning'을 번역한 말이다. 'direct'의 사전적 의미는 '지휘하다, 총괄하다, 감독하다'이며, Director는 관리자, 지휘자, 감독을 뜻한다. 자기주도학습(Self-Directed Learning)과 구분하기 위해 만들어진 교사주도학습(Teacher-directed Learning)은 '교사-지휘 학습', '교사-감독 학습'을 의미한다고 볼 수 있다. 따라서 교사주도학습에서 주도의 의미를 상대적으로 약하게 해석하는 대신, 지휘, 감독, 관리의 개념을 강화하여 '학생들의 학습을 살펴보며, 필요한 경우 지휘 또는 관리를 해주는 역할'의 개념인 '교사주도학습'은 분명 학

[그림 3-7] 자기주도학습에서 교사의 역할

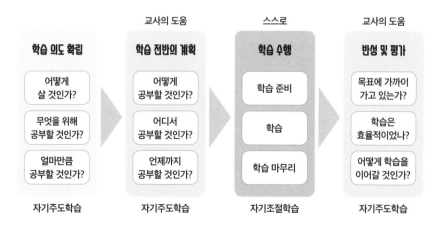

습자에게 긍정적인 역할을 할 수 있을 것이다.

[그림 3-7]을 다시 한 번 살펴보자. 즉, 교사는 자기주도학습 과정에서 '학습 수행'의 영역을 중심으로 학생이 '자기조절학습'에 집중할 수 있도록 돕는 역할을 맡는다. 학교 교육 환경에서 '학습 전반의 계획'과 '반성 및 평가'의 단계는 이미 국가 단위에서 정해져 있다. 교사는 이를 참조하여 학습자에게 적절한 학습 과제를 제공하는 역할을 함으로써 학습 부담을 덜어줄 수 있을 것이다.

작은 성공의 반복을
유도하는 자기조절학습

●

●

●

2장에서 우리는 잠시 승자 효과와 패자 효과를 살펴보았다. 이를 학습에 적용한다면, '작은 성공을 반복해서 경험함으로써 다음 과제에도 도전적인 태도를 갖게 하며, 과제 해결에 어려움이 있어도 해낼 수 있다는 믿음을 바탕으로 다양한 시도를 할 수 있도록 선순환 구조를 만드는 것'을 추구해야 할 것이다.

승자 효과에서 중요한 학술적 개념은 반두라의 '자기효능감'인데 높은 자기효능감은 반복된 작은 성공에서 나오고, 이는 성적에 지능보다 더 많은 영향을 준다고 알려져 있다.[75] 따라서 교사는 학생들에게 자기효능감을 높여줄 수 있는 교수-학습법을 적용해야 하고, 이는 어떤 교육, 교육 방법 등을 적용하더라도 가장 기본 바탕이 되어야 한다.

자기주도학습 또한 이를 피해갈 수 없다. 아무리 자기주도학습이 바람직한 방향이라고 해도 학습자가 자기주도학습을 시도하거나 훈련하는 동안 자기효능감이 낮아지는 일이 발생해서는 안 된다. 높은 자기효능감이 성적에 긍정적인 영향을 미치는 반면, 낮은 자기효능감은 학습에 부정적인 영향을 미친다는 사실을 명심해야 한다.

학습자들에게 거시적인 관점에서 학습의 시작과 끝을 어떻게 주도적으로 이끌어갈 것인지 묻는 것은 대부분의 학습자에게 부담이 될 수밖에 없다. 이러한 부담은 본격적인 공부에 집중할 에너지와 의지력과 같은 자원을 고갈시키게 되고, 결국 공부가 좋은 성과로 이어지는 것을 방해할 수 있다. 무엇보다 이 과정에서 학습자는 작은 실패를 지속적으로 경험하게 되고, 패자 효과의 악순환으로 진입할 수 있게 되기 때문에 각별한 주의가 필요하다.

학습에 대한 부담은 학업 스트레스를 일으키고, 학업 스트레스가 일정 수준 이상 넘어가기 시작하면 학습에 부정적인 영향을 주게 된다. 이는 학습 부진으로 연결되거나 자기효능감 하락의 원인으로 작용할 수 있고, 심지어 패자 효과를 불러일으킬 수도 있다.

그렇다면 자기주도학습 역량이 부족한 청소년 학습자에게 비교적 부담 없이 접근할 수 있는 학습 이론은 무엇일까? 그것은 바로 '자기조절학습'이다. 자기조절학습은 학습 그 자체에 포커스를 두고 있고, 무엇보다 높은 학업 성취를 받는 학습 전략에 집중되어 있다. 향후 '자기주도학습자'에게 필요한 역량이기도 하며, 주어진 과제를 효율적으로 수행하고 이를 통해 높은 학업 성취를 얻을 수 있는 방법을 찾기 위해 끊임없이 연구해온 인지 심리학, 교육심리학, 인지과학, 뇌과학 분야의 산물이다.

자기조절학습은 구체적인 학습 모형이 제시되어 있으며 이러한 세부 모형은 앞서 언급한 여러 학문 분야에서 실증적인 연구를 통해 그 효과가 반복해서 검증되었다. 자기조절학습과 관련된 여러 연구들은 학습자에게 특정한 학습 전략을 수행하도록 안내했고, 대부분의 학습자들은 안내받은 학습 전략을 비교적 수월하게 수행하였으며 이는 기존의 학습 전략보다 더 높은 학업 성취로 이어진 것을 확인했다. 이러한 수많은 연구 결과가 의미하는 바는 자기조절학습이 강조하고 있는 몇 가지 학습 전략은 누구든 쉽게 따라 할 수 있으며 이러한 새로운 학습 전략의 사용은 높은 학업 성취로 이어진다는 것이다.

이는 학습자들에게 작은 성공 경험을 제시할 뿐만 아니라 지속적인 성공의 방법을 경험하게 하는 것으로 학습자들이 주도성을 갖고 이와 같은 학습 전략을 자신의 학습에 적용하기만 하면 높은 학업 성취를 얻을 수 있다는 믿음을 줄 수 있다. 즉, 승자 효과가 '학습'에서 나타날 수 있다는 것이다.

가시적인 목표의 중요성

미국의 수영선수 플로렌스 채드윅(Florence Chadwick)은 영국과 프랑스 사이의 바다인 영국해협을 왕복한 최초의 여성이다. 채드윅은 영국해협 횡단의 대기록를 세운 후 또 다른 도전을 선언했다. 미국 카탈리나 섬에서 캘리포니아 서부 해안까지 약 34킬로미터 거리의 해협을 수영으로 건너겠다는 것이었다. 이 해협은 수온이 낮았고 상어 떼가 살고 있는 위험한 곳이었다. 1952년 7월 4일, 채드윅은 여성 최초의 도전을 향해 바다로 뛰어들었고, 방송국에서는 그녀의 도전을 전국에 생중계했다.

한참이 지나 채드윅은 뼛속까지 스며드는 추위와 배고픔, 목마름 등 인간의 한계를 견뎌내면서 거의 열여섯 시간 동안 가까이 쉬지 않고 헤엄치고 있었다. 바다는 얼음으로 채워진 욕조 같았고, 안개가 너무 짙어 상어의 접근으로부터 그녀를 지켜주는 보트들마저 시야에 들어오지 않았다. 주변에서는 목표지점에 거의 도달했다는 응원의 목소리가 있었지만, 목표지점이 정확하게 얼마나 남아 있는지는 안개 때문에 보이지 않아 알 수 없었다.

결국 15시간 55분 동안 수영을 한 끝에 그녀는 도전을 포기했다. 그때 채드윅은 무려 33킬로미터를 조금 넘게 헤엄쳤고, 남은 거리는 불과 800미터 정도였다. 도전을 마친 채드윅은 인터뷰에서 다음과 같이 말했다.

"변명하는 것은 아니지만, 만약 육지가 보였더라면 끝까지 헤엄쳐서 성공했을 겁니다. 해변이 보이지 않아서 온몸에 힘이 다 빠져버렸고 더는 헤엄칠 수 없었습니다. 해변을 볼 수 있었다면 나는 절대로 포기하지 않았을 겁니다."

그녀를 패배시킨 것은 추위나 피로가 아니었다. 그것은 안개였다. 안개 때문에 그녀는 자신의 목표를 볼 수가 없었던 것이다.

채드윅은 두 달 뒤에 다시 도전했고, 그날도 역시 안개는 자욱했지만 결국 그녀는 보기 좋게 성공했다. 기존 남자 선수들의 기록을 두 시간이나 단축시킨 기록이었다.[76] 준비 기간 동안 채드윅은 목표지점이었던 해변을 답사하고, 마을 사람들을 만나보고 그곳의 풍경을 머릿속에 담아 왔다.

운명의 그날, 여전히 안개가 자욱했던 환경, 변함없는 목표지점, 같은 섬, 같은 해안, 같은 거리, 같은 사람이었다. 달라진 것은 채드윅의 마음뿐이었다. 채드윅은 헤엄쳐가는 내내, 자신이 미리 봐두었던 목표지점을 머릿속으로 계속 떠올리며 견뎌냈다고 한다. 육안으로는 보이지 않았지만 마음의 눈으로 볼 수 있었던 것이다. 이대로 계속 헤엄쳐가면 반드시 그곳에 도착할 것이라는 확신이 있었기 때문에 한 치의 의심도 품지 않고 완주해낼 수 있었던 것이다.

세계적인 과학자 아인슈타인은 다음과 같이 말했다.

"인생에서 실패하는 대부분의 경우는 포기하는 바로 그 순간에, 내가 성공에 얼마나 가까이 있는지를 알지 못했기 때문이다."

공부도 마찬가지다. 내가 도달하고자 하는 목표를 눈으로 볼 수 있어야 한다. 만약 눈으로 볼 수 없다면 상상할 수 있어야 한다. 그동안 자기주도학습을 학교 교육 환경에 적용하기 위한 많은 시도들이 뚜렷한 성과를 거두지 못한 이유는 어쩌면 자기주도학습 자체가 학생들이 상상할 수 있는 범위 밖에 있었기 때문이었을지 모른다.

자기주도학습은 성인의 교육에서 시작되었고, 관찰 대상이었던 성인들은 스스로 무엇인가를 배우고 있었다. 중요한 것은 어떻게 하면 그렇게 스스로 무엇인가를 배우려고 할 수 있는지에 대한 설명이 부족했다는 것이다. 자기주도학습 이론은 이를 설명하기 위해 다양한 방법을 찾았지만, 결국 청소년에게 가시적인 목표를 설정할 수 있게 하지는 못했던 것은 아닐까? 어쩌면 자기주도학습의 이와 같은 추상적인 개념 때문에 학생들은 온전한 자기주도학습을 하기 위해 찾아야 할, 보다 명확한 목표지점을 볼 수 없었던 것은 아닐까?

새로운 출발,
자기조절학습

앞서 언급했던 것처럼, 자기조절학습이 자기주도학습의 하위 개념이라는 시각도 있지만, 나는 자기조절학습이 자기주도학습의 하위 개념이라는 인식을 바탕으로 학생들을 지도해서는 안 된다고 생각한다. 교사와 학습자가 자기주도학습의 그늘을 벗어날 수 없을 것이기 때문이다.

자기주도학습은 분명 바람직한 방향이고, 우리 교육 시스템이 지향해야 할 방향임에는 틀림없다. 그러나 나는 학생들이 자기조절학습을 충분히 숙달하기 전까지는 자기주도학습은 잠시 내려놓아야 한다고 생각한다. 그동안 자기주도학습을 교육 현장에 적용하기 위해 쏟았던 많은 노력과 시도들이 뚜렷한 성과를 얻지 못한 이유는 학생들에게 단기간에 해결할 수 없는 많은 것을 요구했기 때문이다. 그러다 보니 학생들은 목표를 상상하는 것조차 쉽지 않았던 것이다.

결과적으로 자기주도적인 학습자를 만들기 위한 방법으로 학교 교육에 자기조절학습 도입을 시도한다는 것은 학습에 대한 부담감을 낮추는 동시에 학생들에게 도달 가능한 가시적인 목표를 제공하고자 하는 것이다. 학생들이 가장 익숙한 방법에서 시작해야 자신이 어떤 학습자가 되어야 하는지 눈으로 볼 수 있고, 상상할 수 있을 것이기 때문이다.

한 번에 모든 것을 다 이루는 것은 불가능하다. 이는 학생들뿐만 아니라 성인에게도 어려운 일이다. 성공한 사람도 자신의 큰 목표를 실천 가능한, 눈에 보이는 단기 목표들로 나누고 하나씩 이뤄나가면서 결국 큰 목표를 이룰 수 있었다. 따라서 '자기주도학습자'가 되기 위해서는 먼저 자기조절학습 역량을 갖춰야 한다.

자기주도력은 자연스럽게 습득된다

한 가지 우리에게 위안이 되는 가설이 있다. 그것은 '자기주도학습 역량'은 인간의 발달 단계로 이해할 수 있다는 것이다.

자기주도학습자가 되기 위해 가장 먼저 필요한 것은 '나는 어떤 사람인지', '나는 왜 공부해야 하는지', '어떤 공부를 얼마나 할 것인지'와 같은 학습 의도를 발견하는 것이다. 스스로 학습의 전반적인 것에 대해 선택하고 책임을 지기 위해서는 무엇보다 '왜 그렇게 해야 하는가?'에 대한 답을 찾아야 하기 때문이다. 무엇보다 이런 질문은 스스로 던질 수 있어야 진정한 가치를 갖게 된다.

다행스러운 것은 이러한 질문을 스스로 던지는 시기가 누구에게나 한번쯤 찾아온다는 것이다. 보통의 경우에는 성인이 되고 사회에 진출할 시점에 이런 고민을 하게 된다. 물론 빠른 사람들은 학창 시절에 찾아오기도 하고, 늦은 사람은 서른이 넘어서 찾아오기도 한다. 중요한 것은 자신의 인생이 어떠해야 한다는 생각을 진지하게 고민하는 시간이 반드시 온다는 것이다.

보통 스무 살을 넘기고 사회에 진출할 때쯤 되면 많은 선택을 스스로 내려야만 하고 이에 따르는 책임도 스스로 져야 한다. 대학을 졸업하고 사회 진출을 준비하는 동안 주변 사람들과 다양한 의견을 나누며 도움을 받긴 하겠지만 결국 스스로 모든 것을 결정해야 한다. 어떤 직업을 가질지, 어떤 어른으로 성장해야 할지에 대해 현실적인 고민이 시작되고, 이에 대한 준비 또한 스스로 시작해야 한다. 만약 어떤 자격증이 필요하거나 어떤 기술, 지식이 필요한 경우에는 스스로 그것이 무엇인지 찾아야 하고 스스로 공부해야 한다. 즉, 자기주도적인 삶을 살 수밖에 없게 된다. 이러한 시기가 찾아올 때까지 자기조절 능력을 충분히 키운다면 자신의 삶을 위한 진정한 자기주도 학습자가 될 수 있을 것이다.

그렇다면 자기조절학습은 어떻게 진행되는가? 이 장에서는 단계별로 자기조절학습을 하는 법을 상세히 설명했다. 레벨1, 레벨1.5, 레벨2, 레벨2.5, 레벨3의 다섯 단계를 충실히 따라 하기만 하면 어느새 자기조절 능력이 몸에 배고, 진정한 자기주도학습자가 되기 위한 준비를 할 수 있을 것이다.

Chapter

4

단계별
자기조절학습

우리는 자기조절
학습자였다

●

●

●

학습은 본질적으로 자기조절적 요소를 포함한다.[1] 예를 들면 학습을 시작하기에 앞서 어떤 내용을 얼마나 공부해야 하는지를 대략적으로 가늠하게 된다. 공부할 내용의 분량을 확인하고, 대략적인 학습 시간을 예측하면서 교과서를 한 번 읽고 문제집을 풀지 아니면 중요한 내용을 노트에 요약할지 등 공부 방법을 빠르게 구상한다.

본격적으로 학습이 이루어지는 단계에서는 공부하는 내용에 집중하여 스스로 학습 속도를 조절한다. 그리고 이미 이전에 배운 내용을 토대로 새롭게 배우는 내용을 이해하려는 복잡한 정보처리 과정을 거친다. 공부하는 동안에는 계획한 것과 같이 공부가 잘 이루어지고 있는지 시간을 확인해보기도 하고, 공부가 잘 되고 있는지 스스로 생각해보기도 한다.

공부를 마치고 나면 처음에 목표했던 학습이 완료되었는지, 아니면 아직 남아 있는 공부가 있는지, 추가로 더 공부를 해야 하는지를 판단한 후 공부가 더 필요하다면 그것을 언제 마무리할 것인지 결정한다. 만약 공부를 하는 동안 집중이 잘 안 되었다면, 다음에는 어떻게 집중을 더 하겠다는 다짐을 한다거나, 공부 방법이 비효율적이었다면 다음 공부에는 방법을 바꿔봐야겠다는 생각도 할 것이다.

이처럼 공부를 하기 전에는 어떻게, 얼마나 공부할 것인지 계획해보고, 공부를 하는 동안 계속해서 집중력을 잃지 않기 위해 노력하며, 효과적으로 잘 공부할 수 있는 방법도 고민하고, 공부를 마치고 나면 나의 공부를 빠르게 되돌아보며, 다음 공부를 할 때는 어떻게 해야 할지를 생각한다. 물론 학년에 따라, 성적에 따라, 공부 경험에 따라, 마음가짐에 따라 자기조절학습의 완성도는 다르다. 이러한 공부의 단계는 학생들의 머릿속에서 순식간에 지나가는 생각일 뿐이며, 어떤 단계는 생략하기도 한다. 그런데 이런 차이가 바로 성적의 차이가 된다.

양명희 박사는 연구 결과 자기조절학습 능력은 학업 성취에 강력한 영향력을 행사하는 요인으로 작용한다는 것을 밝혀냈다.[2] 바꿔 말하면, 성적에 따라 자기조절학습 능력은 서로 다르다는 것이다. 따라서 우리는 공부를 하기 전, 공부를 하는 동안, 공부를 마친 후, 각 단계마다 어떻게 무엇을 해야 하는지, 놓치

고 있는 것은 없는지, 잘못된 방법으로 하고 있는 것은 아닌지
잘 살펴봐야 한다.

자기조절학습의 기본 모델

　자기조절학습을 연구하는 많은 학자들은 자신의 견해와 주
요 관심사에 따라 다양한 자기조절학습 모델을 제시했다. 이러
한 자기조절학습 모형을 우리나라 청소년이 실제 학습에 적용
할 수 있도록 하기 위해서는 기존 이론을 통합, 수정하여 새로
운 자기조절학습 모형을 만드는 작업이 필요했다. 이 책에서 소
개하는 자기조절학습 모형은 그렇게 탄생했으며, 단언컨대 탄
탄한 이론적 배경 위에 실제 교육 현장에 최적화된 실천 가능한
자기조절학습 모형이 될 것이다. 뿐만 아니라 학습자의 학업 성
취 수준, 학습 동기, 학습법에 따라 단계별로 적용할 수 있도록
했고, 각 단계의 세부적인 실천 전략까지 제시하고 있다.
　이 책에서 소개한 자기조절학습 모형은 자기조절학습의 세
계 최고의 권위자인 짐머만의 모델[3]을 기초로 설계했다. 이 모
델은 학습의 흐름에 따라 자기조절학습의 단계를 구분함으로
써 학습자 입장에서 어떤 흐름으로 자기조절학습이 이루어지
는지 비교적 쉽게 알려주고 있어 가장 널리 알려져 있는 자기
조절학습 모형이다. 나는 짐머만의 모형을 기초로 메타인지와

동기를 강조한 뵈캐르츠,[4)5] 아나스타샤 에프클리데스(Anastasia Efklides)[6)7]의 모형과 단계별 영역별로 구분한 폴 핀트리치(Paul R. Pintrich)의 자기조절학습 모델을 참고하여 다음과 같은 자기조절학습 모델[8)9]을 완성했다.

이 모형은 학습자의 눈높이에 맞춰 레벨1(도입), 레벨2(적응),

[그림 4-1] 자기조절학습의 기본 모델

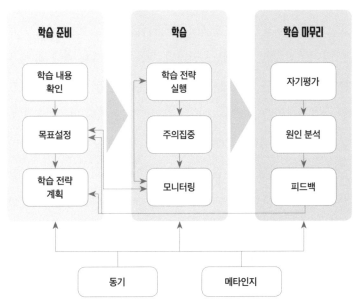

레벨3(완성) 등의 3개 단계로 나누어 실제 학습에 적용할 수 있도록 되어 있다. 이후 설명할 단계별 자기조절학습 모형은 나의 개인적인 경험과 교육 현장에서 10년 이상 학생들을 지도한 경험이 있는 교육 전문가 집단의 자문을 참조하여 완성한 것이

다. 또한 자기조절학습의 각 단계와 구성 요인을 설명하는 용어들은 일반인들도 이해할 수 있도록 최대한 일상적인 표현을 사용했다.

자기조절학습의 적용 단계는 학습에 대한 부담을 줄여 다양한 학습자들이 실제 학습에 적용할 수 있도록 모두 3개의 단계로 나누어 제시했는데, 학습자의 상황에 따라 더욱 세부적인 단계로 구성하는 것도 가능하지만 선택 범위가 넓을수록 학생들에게 오히려 부담을 줄 수 있어 어느 정도 표준화된 단계를 구성하려고 했다. 따라서 학습자의 상황에 따라 도입 단계와 적응 단계, 적응 단계와 완성 단계를 혼용하여 적용할 수도 있을 것이다.

레벨1 :
자기조절학습 시작하기

●

●

●

먼저 우리가 지금껏 별다른 의식 없이 해왔던 공부를 생각해보자. 그저 책상 앞에서 무엇인가 새로운 내용을 배우고 익히거나 문제풀이를 통해 배운 내용을 확인하는 것이 공부라고 생각하는 경우가 많다. 그러나 그런 공부 역시 생각해보면 공부를 하기 전에 작은 공부 계획을 세웠을 것이고, 공부를 마친 직후에는 어떤 느낌을 받았을 것이다.

예를 들어 공부를 시작하기 전에는 무엇을 공부해야 하는지, 언제까지 할 것인지 등을 생각하게 된다. 또 공부를 마치고 나면 공부가 잘되었는지, 그래서 어느 정도 만족했는지를 스스로 생각해본다. 때에 따라서는 처음에 계획했던 것과 다르게 공부를 끝까지 하지 못했거나 생각보다 시간이 더 오래 걸렸던 경험도 있을 것이다. 이런 경험은 공부에 대한 만족감을 떨어뜨리기도 하고, 다음에는 집중을 더 해야겠다거나 다른 방법을 시도해봐야겠다고 생각했을 수도 있다.

여기에서 좀 더 생각을 확장해보면 '왜 공부를 시작했는지', '무엇이 나를 공부하도록 했는지' 등과 같은 '동기'가 있었을 것이고, 공부를 하는 동안에는 '나는 계획대로 공부를 잘하고 있는지'를 수시로 생각해보기도 한다.

자기조절학습은 바로 이 지점에서 시작된다. 단, 이전에 별다른 생각 없이 했던 공부와는 다르게 '특별한 의도를 가지고' 하는 것이다. 즉, 공부를 시작하기 전에 몇 가지 계획을 하고, 본격적인 공부를 한 뒤 스스로 공부한 결과를 평가해보면서 공부를 마무리한다. 이때 각 단계마다 적절한 방법이 있는데, 그 방법을 나의 공부에 의도적으로 적용해보는 것이 자기조절학습이다. 따라서 자기조절학습을 시작하는 일은 어렵지 않다. 그동안 내가 해오던 공부를 조금 더 세부적으로 단계를 나누고, 각 단계마다 해야 할 것을 구분하면 되기 때문이다.

레벨1의 자기조절학습은 학습 준비, 학습, 학습 마무리의 각 단계에서 의식적인 행동을 하는 것이다. 그동안은 대부분 별다른 의식 없이 학습을 준비하고 바로 학습으로 들어갔을 것이다. 따라서 처음 시작하는 단계에서는 의식적인 연습이 필요하다.

레벨1에서 해야 하는 행동은 비교적 간단하고 기초적인 것들이다. 그러나 이 단계를 가볍게 여기고 준비가 덜 된 상태에서 레벨2로 바로 넘어가서는 안 된다. 이 단계에서 중요한 것은 학습 준비 단계와 학습 마무리 단계에서 충분한 시간을 가지고 공부의 단계를 의도적으로 나누는 것이다.

과유불급(過猶不及)이라고 했다. 처음부터 너무 욕심을 부리다 보면 오히려 안 하느니만 못한 결과가 발생할 수 있다. 따라서 제대로 된 자기조절학습을 처음 시도할 때는 반드시 이 단계부터 따라 해보는 것이 필요하다. 최소 10일 이상 모든 공부에 이 단계를 꾸준히 적용해보기를 바란다.

[그림 4-2] 자기조절학습 레벨1 모형

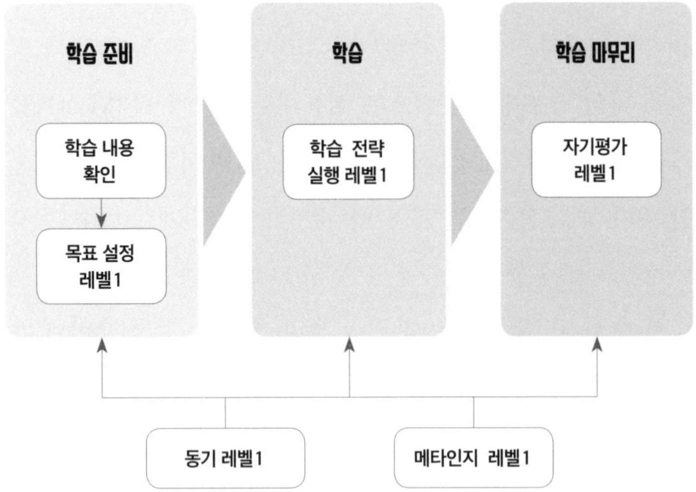

학습 준비

학습 내용 확인

목표 설정 레벨1

학습

학습 전략 실행 레벨1

학습 마무리

자기평가 레벨1

동기 레벨1

메타인지 레벨1

동기 레벨1

공부에서 가장 중요한 것 중 하나는 바로 '학습 동기(Learning motivation)'이다. 학습 동기와 관련해서만도 책 여러 권을 쓸 수 있을 정도로 방대한 이론과 다양한 연구들이 가득하다. 학습에 있어서 기본 중의 기본이라 할 수 있다.

자기조절학습을 시작하는 단계에서 가장 기초적인 수준의 동기는 어떤 것도 좋으니 스스로 공부의 이유를 찾아야 한다는 것이다. 자기조절학습은 근본적으로 자기주도성을 갖고 있다. 스스로 자기 자신을 살피며, 무엇을, 어떻게, 왜 해야 하는지 고민하는 것에서부터 시작해야 한다.

일반적으로 자기조절학습을 연구하는 학자들이 자주 언급하는 동기는 크게 두 가지로 압축할 수 있다. 하나는 자기효능감(Self-efficacy)이고 다른 하나는 목표지향성(Goal orientation)이다. 그러나 레벨1에서는 자기효능감과 목표지향성에 대한 이야기는 다루지 않을 것이다. 특히 자기효능감의 경우 학습자 스스로 만들어가는 동기라기보다는 주변 환경과 상호작용을 통해 변화하는 개념이기 때문에 자기조절학습의 시작 단계에는 맞지 않는다. 이 단계에서는 공부의 이유를 스스로 찾는 것을 시작하는 것으로 충분하다.

즉, 부모님 또는 선생님한테 혼나지 않기 위해 하는 공부가 아니라, 나에게 필요하기 때문에 하는 공부라는 마음이 필요하다. 스스로 선택한 능동적인 공부는 수동적인 동기에 비해 학업 성취에 긍정적인 영향을 미친다. 이 능동적인 자세는 공부 시간을 더 오래 지속할 수 있도록 하며, 공부 전반에 자발적인 태도를 유지하는 데 도움이 된다.

메타인지 레벨1

메타인지(Metacognition)는 '인지 위의 인지'로서 '내가 알고 있는 것'과 '모르고 있는 것'을 구분하는 인지를 말하며, 자신의 인지, 생각에 대한 조절이나 통제 전략을 의미한다.[10] 메타인지는 1976년 미국의 심리학자 존 플라벨(John Flavell)에 의해 만들어진 용어[11]로 학업 성취에 상당히 큰 영향을 주는 중요한 요인으로 알려져 있다.

최상위권 학생들에게 특히 높게 나타나는 메타인지 능력은 자신의 학습 과정에 끊임없이 개입하여 학습 전략을 수정하거나 어느 부분을 더 집중해서 공부해야 하는지를 정확하게 판단할 수 있는 능력이다. 메타인지 능력이 높은 학습자는 자신이 잘 아는 것과 공부가 더 필요한 부분을 정확하게 구분하기 때문에 학습이 전략적으로 이루어질 수 있다. 또한 자신의 학습 방법이 효과적인지를 끊임없이 모니터링하기 때문에 자신만의 학습법을 계속해서 발전시켜나갈 수 있는 원동력이 된다. 다행히 이러한 메타인지는 훈련을 통해 향상될 수 있다고 알려져 있고, 사용할수록 점점 더 좋아지는 능력이기도 하다.

레벨1 단계에서 적용하는 메타인지는 우선 나의 학습 상태를 지속적으로 점검하는 것부터 시작한다. 학습을 하는 동안 '목표를 달성하는 데 별다른 이상은 없는지, 그냥 이대로 공부하면 목표를 달성할 수 있는지'를 살펴보는 것이다. 공부 도중 남은 공부량과 시간을 틈틈이 체크하는 것도 필요하다.

레벨1 자기조절학습의 실제

1) 학습 내용 확인

'학습 내용 확인(Task Analysis, 과제 분석)'은 공부를 시작할 때 가장 먼저 해야 하는 단계로 자기조절학습의 '학습 준비' 단계에 해당한다. 이때 확인할 내용은 다음과 같다.

— 잠시 후 공부해야 하는 내용이 무엇인가?

— 지금 처음 공부하는 것인가, 아니면 복습인가?

— 복습하는 내용이라면 언제 공부했던 내용인가?

— 예전에 배운 내용 중 어떤 내용과 연결된 것인가?

— 공부해야 하는 내용은 쉬운가, 어려운가?

— 공부할 분량은 어느 정도인가?

뭔가 복잡해 보일 수도 있지만, 하나씩 살펴보면 공부를 하기 전 반드시 확인해야 하는 내용이다. 몇 번 해보면 그리 어렵지도 않다. 익숙해지면 이 확인 작업에는 1분도 걸리지 않는다. 그동안 무심코 넘어갔던 부분이겠지만 앞으로는 공부 전에 이 질문을 기준으로 내용을 확인하는 습관을 들이도록 하자.

대부분의 공부는 지난 공부에 이어 연속되는 것이다. 지난 시간까지 공부가 잘 되어 있을수록 이 단계는 빨라지고 정확도도 올라간다. 이때 중요한 것은 이 단계를 학습 목표를 설정하거나 공부 전략을 생각해보기 위한 분석 단계로 활용하는 것이다.

동기, 메타인지, 학습 내용 확인은 모든 공부에 앞서 반드시 갖춰야 하는 필수적인 요소이다. 특히 동기와 메타인지는 자기조절학습의 시작부터 끝까지 항상 작동해야 하는 것으로 도입 단계부터 적응 단계, 완성 단계에 따라 그 수준을 점차 높여나가야 한다. 반면 학습 내용 확인은 '도입 단계'에서 천천히 확인해보는 것으로도 충분하다. 그만큼 '학습 내용 확인'은 나의 공부에 적용하기가 상대적으로 쉽다. 하지만 이 단계가 익숙하지 않은 경우에는 3~4분 정도의 시간을 들여 비교적 천천히 공부할 내용을 살펴보길 바란다.

2) 목표 설정

학습 내용 확인을 마쳤다면 이제는 학습 목표 설정(Goal setting)을 해야 한다. 목표를 설정할 때는 측정 가능하도록 수치화하는 것이 매우 중요하다. 숫자로 표현하지 않은 목표는 성공과 실패, 즉 '목표 달성' 또는 '목표 미달성' 두 가지로밖에 결과를 표현할 수 없다. 하지만 숫자로 표현한 목표는 비율로 표현할 수 있기 때문에 성공과 실패 이외의 '목표 달성률'로 표현이 가능하다. 예를 들면, '목표 달성률: 70%', '95% 목표 달성'과 같이 표현할 수 있다는 것이다.

목표 달성을 성공과 실패로 표현하는 경우에는 실패했을 경우 어느 정도 실패했는지 쉽게 파악할 수 없기 때문에 학습을 마친 후 '자기평가' 단계에서 적절한 평가를 할 수 없고, 동시에 피드백도 생각하기 어렵다. 반면 '목표 달성률'과 같이 숫자로 결과를 표현하는 경우 그대로 '자기평가'에 활용할 수 있고, 동시에 달성하지 못한 학습량을 언제 어떻게 공부할 것인지 스스로 피드백을 줄 수 있다.

중학교 1학년 학생이 수학 공부를 한다고 가정해보자. 이때 막연히 일차방정식 단원을 공부한다는 목표를 세우는 것이 아니라 어떤 교재(교과서 또는 문제집) 몇 페이지에서 몇 페이지까지 공부할 것인지, 풀어야 하는 문제의 개수는 몇 개인지 확인하고 이를 숫자로 표현해야 한다. 이렇게 학습량을 정했다면 몇 시간 동안 공부를 할 것인지도 결정해야 한다. 다음 그림을 보자.

[그림 4-3] 올바른 학습 목표 설정

잘못된 학습 목표	올바른 학습 목표
수학 공부하기(방정식) 문제집 풀기	〈수학: 일차방정식〉 152~161페이지(37문항) 저녁 8시 30분 ~ 10시 30분(2시간)

3) 학습 전략 실행

자기조절학습에서 학습 전략은 크게 인지 전략과 메타인지 전략으로 나눌 수 있고, 인지 전략은 시연, 정교화, 조직화로, 메타인지 전략은 계획, 점검, 조절로 구분할 수 있다. 이 책에서는 메타인지전략은 앞서 설명한 학습 전반에 영향을 주는 메타인지에 통합하여 적용하고 인지 전략만 살펴보기로 하자.

레벨1에서는 별도의 새로운 학습 전략을 사용하지 않고, 평소 하던 학습 전략(공부법)을 적용한다. 자기조절학습을 제대로 시작하는 레벨1에서는 막연하게 공부했던 공부에서 벗어나 '학습 준비' 단계와 '학습 마무리' 단계를 명확하게 구분하는 것이 목적이기 때문이다. 다시 한 번 강조하지만, 한 번에 너무 많은 것을 바꾸려 하면 그만큼 많은 노력과 의지력이 필요하다. 그렇게 되면 일정 시간이 지나 다시 원래 하던 방식대로 학습하게 되는 경우가 많아 결과적으로 자기조절학습이 실패로 끝나기 쉽다.

또한 '학습 전략 실행'은 학습 준비 단계의 '학습 전략 계획' 단계에 바로 이어지는 단계이기 때문에 구체적인 학습 전략은 레벨2에서 다루기로 하고, 더 자세한 전략별 학습 방법은 5장에서 다루도록 하겠다.

4) 학습 마무리

자기평가(Self-judgement)는 학습 활동 이후에 자신의 학습 과정과 그 결과에 대한 평가를 의미한다.[12] 이러한 자기평가는 학습 결과의 원인 분석과 자기 조절 또는 반응(피드백)을 형성하기 위해 반드시 필요한 단계이다. 하지만 그 필요성과 중요성은 실제 학습에서는 잠깐 머릿속에 스쳐 지나가는 생각이나 느낌 수준에서 멈추는 경우가 대부분이다.

자기평가는 긍정적 또는 부정적으로 나타난다. 긍정적인 자기평가는 학습에 대한 자기효능감을 높여주고 앞으로 자기조절학습에 대한 노력을 지속하고자 하는 동기를 발생시킨다. 부정적인 자기평가가 나왔다고 해도 그 원인이 노력의 부족이나 비효율적인 전략의 사용 때문이었다면 보다 효과적인 형태로 방법을 변경하려는 시도를 하게 될 것이다. 즉, 자기평가 활동은 자신의 발달 정도를 인식하게 함으로써 메타인지 능력을 향상시키는 데 도움을 줄 뿐만 아니라, 학습에 긍정적으로 작용하는 동기와 정서적인 측면에 영향을 줄 수 있으며 이로 인해 자기조절학습 과정에서 매우 중요한 역할을 하게 된다.[13]

레벨1에서의 자기평가는 학습 준비 단계에서 설정한 목표와 수행 결과를 비교하고 목표 달성 여부를 수치화하는 것과, 이에 따라 긍정적 반응(예: 만족) 또는 부정적 반응(예: 불만족)을 나타내는 것이다. 완벽한 자기조절학습에서는 자기평가를 마친 후 바로 원인 분석 단계로 넘어가지만, 이는 레벨2로 미루고 레벨1에서는 의식적으로 목표 달성 정도를 판단해 수치화하고 이에 대한 반응을 정리하는 것만 연습해도 충분하다.

레벨2 :
자기조절학습 적응하기

●

●

●

레벨2는 레벨1에서 했던 활동을 조금 더 깊은 수준에서 시도해보고, 이에 더해 학습 전략 계획, 주의 집중, 원인 분석을 새롭게 시도해보는 단계다. 이 단계는 레벨1이 충분히 연습된 경우에 시도하는 것이 좋으며 레벨2를 다시 레벨1.5와 레벨2의 두 단계로 나누어 적용하는 것도 가능하다.

레벨1.5는 '학습 준비', '학습', '학습 마무리' 단계를 의식적으로 구분하는 연습을 한 레벨1을 좀 더 보완, 발전시키는 단계이며 이 단계가 큰 부담 없이 자연스럽게 이루어지는 경우 레벨2에서 새롭게 적용되는 전략을 시도해보는 것이 좋다.

[그림 4-4] 자기조절학습 레벨 2 모형

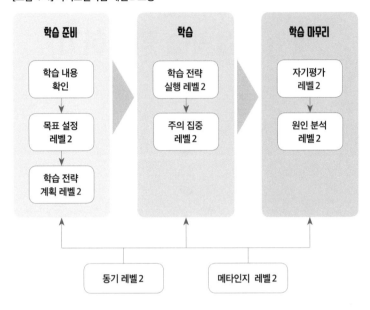

[그림 4-4] 자기조절학습 레벨 2 모형

레벨1.5 : 1단계 업그레이드하기

1) 동기

레벨1에서 동기는 공부하는 이유를 스스로 만들어보는 것이었다. 레벨2의 동기는 여기에서 조금 더 발전하여 작은 성공 경험을 스스로 유도하도록 학습 목표를 설정함으로써 '나도 할 수 있다'는 믿음, 즉 자기효능감을 지속적으로 강화시켜나가는 것이다.

앞서 언급했듯, 자기효능감은 성적에 지능보다 더 많은 영향을 미친다.[14] 연구에 의하면, 지능이 성적에 미치는 영향력은 25퍼센트,[15] 자기효능감은 34퍼센트 정도이며, 수학 교과목으로 이를 한정하면 자기효능감은 성취도에 무려 40.2퍼센트나 영향을 주는 것으로 나타났다.[16]

자기효능감이 낮아지는 이유는 대체로 반복된 작은 실패 때문이다. 따라서 자기효능감을 높이는 가장 좋은 방법은 반복된 작은 성공 경험이다. 학습 환경과 학습 목표 등을 어떻게 구성하느냐에 따라 자기효능감이 높아질 수도, 낮아질 수도 있다는 뜻이다.

2) 메타인지

레벨2에서 메타인지는 아는 것과 모르는 것을 적극적으로 구분하는 것이다. 많은 학습자는 메타인지의 오작동으로 '안다는 착각'에 빠지곤 하는데, 이는 학업 성취에 매우 부정적인 영향을 준다. 실제로는 학습이 잘 이루어지지 않았는데 어떤 이유로 마치 공부가 잘된 것처럼 느껴진다면 복습에 소홀해지게 되고, 결국 학습이 완성되지 않은 상태에서 시험을 치르게 된다. 따라서 아는 것과 모르는 것을 정확하게 구분하는 연습은 학습에 있어 매우 중요하며, 이는 학습이 이루어지는 모든 단계에서 지속적으로 메타인지가 작동함으로써 확인된다.

최상위권 학습자는 자신이 아는 것과 모르는 것을 정확하게 구분하는데, 이러한 메타인지 능력은 자신의 막연한 느낌이 아니라 실제 배운 내용을 셀프 테스트를 통해 확인하는 과정을 거침으로써 확보된다. 안다는 느낌과 실제로 아는 것을 끊임없이 비교하는 연습을 통해 메타인지의 정확도를 높여가는 것이다.

레벨2의 '아는 것과 모르는 것을 구분하는' 구체적 방법은 상당히 중요하기 때문에 5장에서 자세히 다루도록 하겠다.

3) 목표 설정

목표 설정은 구체적인 학습의 성과를 결정하는 것을 의미한다.[17] 학습자는 목표 설정을 통해 학습 과정의 진행을 확인할 수 있는 기준을 마련하게 되며, 이를 바탕으로 자기평가를 하게 된다. 또한 구체적이며 도달 가능한 목표가 있어야만 목표 달성에 필요한 노력을 기울일 수 있다.

반두라가 대표하는 사회인지 이론에서는 목표와 기대를 학습 메커니즘에 있어 가장 중요한 요인으로 보면서 학습자가 목표를 설정하고 현재 상태와 달성해야 하는 목표 상태의 차이를 인식할 때 그 간격을 해소하기 위한 행동이 나타나게 된다고 주장했다. 또한 목표와 현재 상태의 차이를 극복하기 위한 행동이 학습 동기와 자기효능감을 향상시킬 수 있다고 했다.[18]

이러한 목표는 구체적이고 단기적이며 스스로 설정한 것일 경우에 자기효능감과 성취에 보다 긍정적인 역할을 하는 것으로 밝혀졌다.[19] 만약 목표가 구체적이지 않거나 장기적인 경우에는 학습 동기에 긍정적인 영향을 주지 않을뿐더러 학습 의욕을 떨어뜨리기도 한다. 예를 들어 '최선을 다해 공부하자'라는 추상적인 목표는 달성 정도를 파악하기도 어렵고 수치화할 수 없기 때문에 학습에 별 도움이 되지 않는다.

목표가 갖춰야 할 속성은 다음과 같다. 첫째, 구체적이고 (Specific), 둘째, 수치화가 가능하며(Measurable), 셋째, 달성할 수 있고(Achievable), 넷째, 장기 목표와 연관성이 있으며(Relevant), 다섯째, 시간 제한이 있을 것(Timely) 등이다. 이들의 앞 글자를 따서 'SMART 목표'라고도 한다. 레벨1에서는 목표를 구체적이고 수치화가 가능하며 시간 제한이 있는 것으로 설정하는 연습을 하고, 레벨2에서는 나머지 두 속성, 즉 달성할 수 있고 장기 목표와 연관성이 있는 목표를 설정하는 데 초점을 맞추어야 한다.

달성 가능한 목표를 세우기 위해서는 다양한 시행착오가 요구된다. 우리는 다행히 레벨1에서 이미 '목표 설정-학습-자기평가'의 과정을 통해 목표 달성률을 확인해보았다. 때로는 목표 달성이 쉬웠을 것이고, 때로는 목표 달성이 거의 불가능에 가까웠을 수도 있다. 이러한 경험은 다음 목표를 설정하는 데 중요한 정보가 된다. 따라서 레벨2 단계에서는 '목표 설정-학습-자기평가'의 과정을 통해 목표 달성률을 높이기 위해 다양한 전략을 실행해야 한다.

덧붙여 장기 목표와 연관성이 있는 목표란 내가 '나중에 얻고자 하는 무엇인가'와 '지금 해야 하는 것' 사이에 연관성이 있어야 한다는 뜻이다. 학습과 관련된 대부분의 목표는 장기적으로 원하는 대학에 진학하는 데 필요한 성적을 받기 위한 것이기 때문에 이 연관성은 크게 신경 쓰지 않아도 된다.

4) 학습 전략 실행

레벨1에서는 특별한 학습 전략을 안내하지 않고 평소 하던 공부법을 그대로 사용하도록 했다. 레벨1에서 가장 중요한 목표는 자기조절학습의 단계를 의식적으로 연습해보는 것이므로 불필요한 학습 부담을 주지 않는 것이 필요했기 때문이다.

레벨2에서는 인지 전략과 메타인지 전략에 긍정적인 영향을 주는 학습 전략을 소개하고, 이에 대한 실천적인 방법은 5장에서 설명하도록 하겠다.

학습에 있어서 가장 중요한 것은 한번 배운 내용을 가능한 한 최대한 오랫동안 기억하는 것이다. 물론 모든 학습은 어떤 학습 전략을 사용하는가와 관계없이 몇 번의 복습은 반드시 필요하고, 이는 학습에 있어 가장 중요한 전략 중 하나이다. 하지만 한번 공부할 때 비교적 오랫동안 기억할 수 있는 효과적인 학습 전략을 사용하면 복습 횟수를 줄이거나 복습 간격을 길게 함으로써 전체 학습량을 줄일 수 있게 된다.

레벨2에서 적용할 학습 전략은 '인출 연습'이다. 인출이란 장기기억에 저장된 기억을 단기기억으로 불러오는 것을 말한다. 인출 연습은 수많은 연구를 통해 가장 효과적인 학습 방법 중

하나로 손꼽히고 있으며, 시험 효과가 나타나는 학습법이다. 시험 효과란 시험을 보는 것만으로 성적이 오르는 현상을 의미하는데, 시험을 치르는 환경에서 인출은 자주 일어나는 두뇌 활동이기 때문이다. 그래서 레벨2에서는 머릿속에 있는 지식을 꺼내 쓰는, 즉 인출 연습을 통한 학습을 시도해야 한다. 인출 연습은 주로 문제를 풀거나 배운 내용을 머릿속으로 생각해보거나 노트에 정리하는 동안 일어나게 된다. 따라서 인출 연습은 하나의 학습법이라기보다는 효과적인 학습의 본질에 가까운 개념이다. 인출 연습과 시험 효과에 대한 구체적인 방법은 5장에서 소개하도록 하겠다.

5) 자기평가

자기조절학습의 단계를 다시 한 번 머릿속으로 생각해보자. 생각이 안 난다고 바로 전 페이지로 돌아가 자기조절학습 모형을 다시 살펴볼 것이 아니라 천천히 생각해보자(이것이 바로 인출 연습이다).

먼저 '학습 준비' 단계가 있었다. 학습 준비 단계에서는 '학습 내용 확인'과 '목표 설정'이 있었다. 다음으로는 '학습' 단계가 있고, '학습 마무리' 단계가 있었다. 학습 마무리 단계에서는 '자기평가'가 있었다. 레벨1에서의 자기평가는 '학습 준비' 단계의 목표를 '학습' 단계에서 얼마나 달성했는가를 살펴보고, 이에 대한 긍정적 또는 부정적인 평가를 내리는 것이었다.

레벨2에서는 여기에 학습 전략은 효과적이었는지 그렇지 않은지, 그래서 학습 결과(성취도, 완성도)는 어땠는지 평가해보는 과정이 추가된다.

먼저 학습 전략에 대한 평가는 목표를 달성하기에 내가 사용한 학습 전략(학습법)이 적절했는지를 판단하는 것이다. 예를 들어 학습 목표가 1시간 동안 10쪽을 공부하는 것이라고 하자. 하지만 10쪽을 공부하는 데 1시간보다 30분이 더 걸렸다. 내가 사용한 학습 전략은 책을 한 번 읽고 난 후, 두 번째 읽으면서 중요한 내용을 노트에 요약하고, 문제집을 통해 학습한 내용을 어느 정도 기억하고 있는지 확인하는 것이었다고 해보자.

이때 자기평가를 해보면 10쪽을 학습하는 목표는 100퍼센트 달성했지만, 시간은 30분이 더 걸렸다. 만약 학습 전략을 조금 바꿔서 책을 한 번 읽으면서 바로 중요한 내용을 노트에 요약했다면 어느 정도 공부하는 시간을 단축시킬 수 있었을 것이다. 이렇게 자기평가를 해보면 다음에 어떤 방식으로 공부할지 학습 전략 계획을 수정할 수 있다.

이처럼 자기평가가 학습할 내용의 분량과 시간을 넘어 학습 전략에 대한 평가와 결과에 대한 평가까지 이어진다면, 다음 학습을 진행할 때 목표를 달성하는 데 도움이 될 것이고, 더욱 효과적인 학습 전략을 사용할 수 있을 것이다. 이와 같은 자기조절학습이 반복될수록 더 좋은 결과를 얻을 수 있는 것은 당연하다.

레벨2 : 새로운 전략 적용하기

1) 학습 전략 계획

학습 전략 계획은 레벨2에서 새롭게 적용하는 자기조절학습 전략으로 실제 본격적인 학습이 이루어지는 동안 어떤 학습 전략을 사용할 것인지를 계획하는 단계다. 학습 전략은 새로운 지식과 기술을 습득하는 효과적이며 구체적인 방법을 의미한다. 학습해야 하는 내용을 확인, 분석 후 적절한 학습 전략을 선택하는 것이 이 단계에서 해야 하는 활동이다. 학습 전략 계획은 체계적이고 계획적인 학습 전략 사용을 가능하게 하는 사전 활동이므로 자기조절학습 과정에서 핵심적인 요인이라고 할 수 있다.

학습 전략 계획을 수립하기 위해서는 다양한 학습 전략을 알고 있어야 하며, 각각의 학습 전략이 어떤 학습 내용에 적합하고, 어떤 특징을 갖는지를 파악하는 것이 중요하다. 시중에 나와 있는 다양한 학습법 책 중 자신과 잘 맞을 것 같다고 생각되는 책을 한두 권 선택해 천천히 읽어보는 것도 학습 전략을 계획하는 데 도움이 된다.

세상에는 다양한 학습법이 존재한다. 그러나 모든 효과적인 학습법을 관통하는 핵심 원리가 있다.[20]

레벨2에서 학습 전략을 계획할 때 반드시 기억해야 하는 핵심 명제는 다음과 같다.

"쉽게 공부하면 잊히는 것도 쉽지만, 어렵게 공부하면 잊히는 것도 어렵다"

지금까지의 기억에 관련한 연구 결과에 따르면, 기억은 뉴런과 뉴런 사이의 시냅스에 저장[21]되는데, 기억이 저장되면서 시냅스에 생물학적 변화가 일어난다. 학습이 잘 이루어진다는 것은 시냅스가 물리적으로 발달한다는 것이고, 이는 마치 무거운 아령으로 열심히 운동을 하면 근육이 커지는 것과 비슷하다고 볼 수 있다. 따라서 학습은 적당한 강도로 이루어지는 것이 기억을 오랫동안 유지하는 데 도움이 된다.

우리가 열심히 공부를 한다는 것은 시냅스의 물리적 변화를 이끌어내는 것을 의미한다. 여기서 재미있는 것은 공부가 마치 근육 운동을 하는 것과 비슷한 메커니즘을 갖는다는 것이다. 무거운 아령을 들고 운동을 해야 근육이 빠르게 발달한다. 만약 운동이 되지 않을 정도의 가벼운 무게의 물건을 들고 운동을 하면 근육이 발달하지 않는다. 기억도 마찬가지다. 기억이 만들어지기 위해서는 적당한 수준의 자극이 필요하다.

UCLA의 심리학과 교수인 로버트 비요크(Robert Bjork)는 '바람직한 어려움(Desirable Difficulties)'이라는 개념을 제시했고 이 개념은 이후 대부분의 학습과 관련된 연구에 영향을 주었다. 그는 좋은 방법으로 적당히 어렵게 공부하는 것이 기억을 오랫동안 유지하는 방법이라는 것을 증명했다.[22]

따라서 학습 전략을 계획할 때 반드시 고려해야 하는 것은 내가 사용하고자 하는 학습 전략이 '바람직한 어려움'을 갖고 있는지 여부다. 적당히 어렵게 공부하는 전략이 무엇인지 고민해보자.

2) 주의 집중

학습을 수행함에 있어 중요한 것 중 하나는 집중력을 유지하는 것이다. 집중력을 유지하는 것은 주변 환경을 통제하는 것에서 시작한다. 주변 환경이 학습에 집중하는 것을 방해한다면 방해하는 것을 제거하거나 학습 장소를 옮겨야 한다.

예를 들어 일반적으로 시끄러운 커피숍은 학습이 이루어지는 동안 집중력을 유지하기에 좋지 않은 환경이다.[23] 이럴 때는 집중이 잘 되는 공간으로 이동하는 것이 바람직하다. 간혹 주위의 소음을 차단하기 위해 이어폰을 꽂고 음악을 듣는 경우가 있는데, 이는 학습에 부정적인 영향을 미친다. 음악을 들으면서 공부하는 습관은 멀리하는 것이 바람직하다.[24]

또는 학습 과제가 지나치게 어려운 경우에도 집중력을 유지하기 어렵다. 이런 경우에는 비교적 쉬운 과제를 적절하게 혼합해가면서 공부를 해야 집중력을 유지하는 데 도움이 된다.

이 단계에서 중요한 것은 자신이 어떤 환경에서 집중이 잘되는지를 살피고 가급적 그런 환경을 만들거나 유지하도록 하는 것이다.

3) 원인 분석

학습 목표와 학습 전략을 세우고 본격적인 학습을 한 후에는 학습 결과를 바탕으로 자기평가를 실시해야 한다. 그리고 그러한 결과가 나온 원인을 찾아야 한다. 심리학에서는 이를 귀인(歸因, attribution)이라고 한다.

기본적으로 인간은 주변 환경과 자신을 이해하고 이를 통해 성장하고자 한다. 그리고 이러한 목적을 이루기 위해 자신의 행동이나 타인의 행동의 원인을 이해하려고 노력한다. 한 개인이 이렇게 찾은 원인은 실제 그 결과를 이끈 원인일 수도 있고 그렇지 않을 수도 있지만, 이는 개인의 동기와 정서, 행동에 영향을 미치기 때문에 상당히 중요한 의미를 갖는다.[25]

자기조절학습에서 귀인은 이런 의미에서 상당히 중요하다. 학습 목표 달성에 실패한 경우 그 원인이 자신의 노력이 부족했거나 학습 준비 단계에서 설정한 학습 전략이나 목표에 문제가 있다고 원인을 찾았다면, 다음 학습에 적절한 변화를 주고 더 좋은 방향으로 전략을 수정할 수 있을 것이다. 반면, 학습 실패의 원인이 자신의 능력이 부족했기 때문이라고 믿거나 혹은 그 과제는 내가 해내기 불가능한 것이었다고 믿는다면 학습 자체가 중단될 수도 있다.

중요한 것은 학습 결과의 실제 원인이 무엇이든 간에 학습자가 학습 실패의 원인을 어떻게 파악하느냐에 따라 그 다음 행동이 달라진다는 점이다. 이에 대해 귀인 이론을 체계화한

UCLA 대학의 심리학과 교수인 버나드 와이너(Bernard Weiner)는 다음과 같이 말했다.[26]

"우리가 생각하는 것이 우리가 느끼는 것에 영향을 준다."

레벨2에서는 학습의 성공 또는 실패의 원인을 자기 자신에게서 찾는 연습을 해야 한다. 학교에서 배우는 내용은 처음부터 누구나 배울 수 있는 내용으로 설계되었다. 따라서 내가 어떤 내용을 배울 때 어려움을 느끼거나 결국 실패했다는 것은 배우는 내용이 어려워서가 아니라 나의 노력이 부족했기 때문인 경우가 많다. 또 시간이 부족했다면 시간관리를 못했거나 집중력을 유지하기 못했기 때문이다. 만약 학습 목표를 성공적으로 달성했다면, 배우는 내용이 너무 쉬워서라기보다는 더 많은 노력을 했거나 집중을 잘했기 때문일 수 있다.

중요한 것은 내가 믿는 대로 그 다음 결과도 만들어질 수 있다는 점이다.

레벨3 :
자기조절학습 완성하기

●
●
●

 레벨3까지 왔다는 것은 이제 자기조절학습이 습관이 되었다는 것을 의미한다. 지금까지는 공부해오면서 막연히 공부 그 자체에 초점을 두고 있었다면, 지금쯤 학습 준비 단계에서는 무엇을 해야 하는지, 그리고 이 학습 준비 단계에 따라 학습 전체가 크게 영향을 받을 수 있다는 것을 깨닫게 되었을 것이다. 뿐만 아니라 아주 짧은 시간 동안 만족 또는 불만족이라는 막연한 느낌으로 끝났던 '학습 마무리' 단계가 생각보다는 꽤나 많은 고민을 해야 하고 다양한 정보를 바탕으로 판단해야 한다는 것도 알게 되었을 것이다. 학습 마무리 단계에 시간을 투자할수록 다음의 학습이 더 효율적이고 매끄럽게 진행되어 학습 활동에 대한 평가도 점차 좋아진다는 것을 느꼈을 것이며, 이는 공부에 대한 자신감으로 이어졌을 것이다.

그리고 이제 여러분은 최상위권으로 진입할 수 있는, 또는 극상위권 성적을 유지할 수 있는 단계를 앞두고 있다. 레벨3은 완벽한 자기조절학습자로 거듭나기 위한 보다 깊이 있는 전략을 익히는 단계이며, 이 과정에는 보다 많은 노력과 의지가 필요하다.

레벨3은 레벨2와 마찬가지로 레벨2까지 해왔던 '동기', '메타인지', '학습 전략 계획', '학습 전략 실행', '주의 집중', '원인 분석'을 더욱 완벽하게 연습하는 레벨2.5에 메타인지 능력을 최대한 활용하는 '모니터링' 단계와 '피드백' 단계가 추가된

[그림 4-5] 자기조절학습 레벨 3 모형

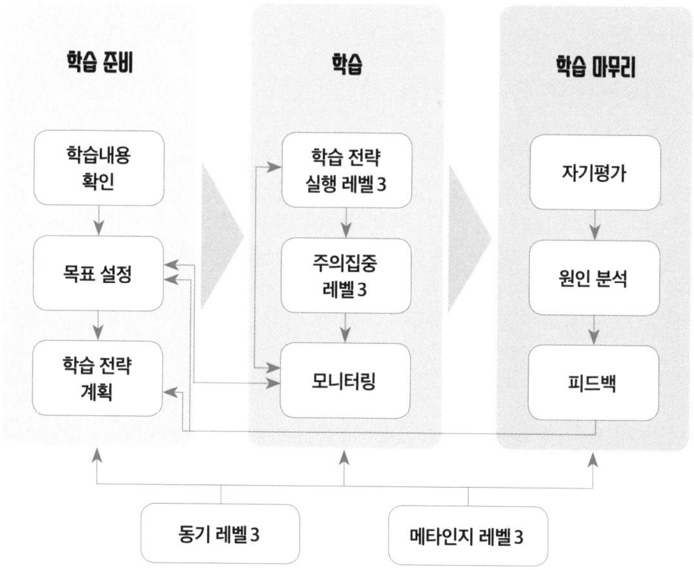

레벨3으로 구분했다. 레벨2의 숙달 정도에 따라 바로 레벨3의 모든 단계를 학습에 적용하는 것도 가능하겠지만, 되도록 레벨2.5와 레벨3을 구분하여 점차적으로 완벽한 자기조절학습자로 거듭나보자.

레벨 2.5: 레벨2 업그레이드하기

1) 동기

다양한 동기 이론 중 목표 지향성(Goal orientation)은 학습을 하는 일반적인 이유나 목적과 관련된 개념이다. 학습은 어떤 목표를 지향하느냐에 따라 학습 전반에 영향을 주기 때문에 학습에 긍정적인 영향을 주는 목표를 갖도록 하는 것이 중요하다.

이 중 숙달 목표는 학습하는 내용을 충분히 배우고자 하는 것에 초점을 두며, 스스로 세운 목표에 따라 새로운 지식과 기술을 배우고 향상시키기 위해 노력한다. 그러므로 숙달 목표는 자신의 능력을 발달시키는 데 도움이 되는 학습 과정과 학습 전략을 중요하게 생각한다.

반면 수행 목표는 무엇인가를 배우고 익히는 것보다 다른 사람에게 인정받고자 하는 것에 초점을 두며 다른 사람과의 비교를 통해 자신의 능력을 평가하려고 한다.

예를 들어 살펴보자.

─새로운 지식을 배우는 것은 즐거운 일이다 : 숙달 목표

─좋은 성적을 받는 것이 중요하다 : 수행 목표

─실수를 하더라도 무엇인가를 배울 수 있는 어려운 내용을 좋아한다 : 숙달 목표

─선생님이나 부모님께 칭찬을 받기 위해 공부한다 : 수행 목표

─많은 노력이 들더라도 무엇인가 새로운 것을 배울 수 있는 것을 좋아한다: 숙달 목표

─다른 친구들보다 더 좋은 점수를 받는 것은 중요하다 : 수행 목표

목표 지향성과 관련된 연구들에 따르면, 숙달 목표와 수행 목표 모두 학업 성취에 긍정적인 영향을 주고, 더 오랫동안 공부에 집중할 수 있게 해준다. 숙달 목표를 지향하는 학생들은 다양한 학습 전략을 사용하고 더욱 깊이 있는 전략을 활용하는 반면, 수행 목표는 효과적인 전략을 사용하기보다는 자신의 능력과 가치를 보호하기 위한 전략을 사용하려는 경향을 보인다. 이때 수행 목표는 때로 자기조절학습에 부정적인 역할을 한다고도 알려졌는데, 이는 학습자의 자기효능감이 낮은 경우다.

숙달 목표와 수행 목표 모두 높은 자기효능감을 갖고 있다면 학업 성취에 긍정적인 영향을 주지만, 좀 더 바람직한 목표 지향성은 숙달 목표다. 수행 목표는 남들에게 인정을 받는 수준까지만 학습에 긍정적인 역할을 하고, 숙달 목표는 자신의 발

전에 초점을 맞추고 있기 때문에 지속적으로 학습에 긍정적인 역할을 하기 때문이다.

2) 메타인지

레벨3에서의 메타인지는 '모니터링'과 '피드백' 단계에서 종합적으로 살펴볼 것이다.

3) 학습 전략 실행

레벨2에서 우리는 바람직한 어려움을 동반한 인출 연습을 살펴보았다. 인출 연습은 뇌과학적으로도 밝혀진 효과적인 학습법으로 시험 효과를 가져오기 때문에 모든 학습에 적용해야 한다. 또 새로운 지식을 오랫동안 기억할 수 있는 학습 전략으로, 이렇게 획득한 지식을 기존에 알고 있던 지식과 연결짓는 학습은 새로 배운 내용을 이전에 배운 내용과 하나로 묶어주는 역할을 한다. 궁극적으로 하나의 큰 지식 덩어리를 갖게 되는 것이다.

새롭게 학습한 내용을 더욱 의미 있게 하기 위해서는 이전에 배운 지식과 관련지어 특정한 관계를 갖도록 하는 것이 필요하다. 즉, 공부하려는 여러 내용을 서로 분리하여 단순히 외우는 것이 아니라 서로 간의 연결을 형성하여 관련성을 맺는 과정이 바로 레벨3의 인출 연습이다.

만약 배운 내용이 일정한 기준을 갖고 서로 연결되어 있는 것이 아니라 머릿속에 따로 기억되어 있다면 우리는 기억해야 할 내용들이 너무 많아진다. 하지만 우리가 배운 내용들이 어떻게 연결이 되고, 어디에 사용되는지에 정리가 되어 있다면 자유자재로 필요할 때마다 필요한 지식을 꺼내 쓸 수 있다. 마치 머릿속에 폴더를 만들어놓고 필요할 때마다 해당 폴더로 이동하여 필요한 자료들을 꺼내는 것과 같다.

이와 관련한 구체적인 전략은 5장을 참고하기 바란다.

4) 주의 집중

주의 집중이 레벨3에서 다뤄지는 것에 대해 어쩌면 의아해하는 사람이 있을지 모르겠다. 공부하는 내용이나 학습 활동 자체에 집중하면 되는, 어쩌면 비교적 간단한 개념으로 생각할 수 있기 때문이다. 하지만 주의 집중에도 단계가 있고, 이는 놀랍게도 극상위권과 최상위권이 갈리는 결정적인 키워드가 되기도 한다.

미하이 칙센트미하이(Mihaly Csikszentmihalyi)는 어떤 활동에 집중할 때 일어나는 최적의 심리 상태를 몰입(Flow)이라고 했다. 몰입이란 어떤 행동이 물 흐르듯 자연스럽게 이루어지는 느낌이다. 즉, 몰입은 인간이 어떤 일을 하다가 그 일에 완전히 푹 빠져, 시간 감각조차 잃어버리고, 주변 상황에 대해 전혀 의식하지 못하고 그 일에 완전히 흡수되는 상태를 의미한다.

칙센트미하이는 체스 두기, 산악 등반, 춤, 외과 수술과 같은 활동들을 조사하면서, 몰입의 개념을 최초로 제시했다. 그는 몰입을 가리켜 "한 활동에 너무 몰두해서 다른 아무것도 상관이 없는 상태" 또는 '최적의 경험(optimal experience)'이라고 설명했다.

이러한 몰입이 학습 활동에 일어나는 것을 '학습 몰입(learning flow)'이라고 한다. 학습 몰입은 학습을 하면서 학습자가 대단히 즐거운 심리 상태에 있어 학습 활동에 완전히 빠져 있는 상태이며, 학습 과정에 완전히 흡수되어 학습과 내가 일치되는 것을 의미한다.[27]

학습 몰입 상태에 있는 학습자는 현재 직면한 학습 과제에 관심이 집중되어 있기 때문에 학습과 상관이 없는 일에 의식을 빼앗기지 않는다. 따라서 학습을 하는 동안 가급적 빠르게 몰입 단계로 들어가는 것은 효과적인 학습에 매우 중요하다.

개인의 특성에 따라 몰입이 일어나는 속도와 환경은 서로 다르다. 따라서 한 번이라도 몰입을 경험했다면 어떤 학습 환경에서 몰입이 일어났는지 반드시 그 원인을 살펴봐야 한다.

나는 보통 몰입 단계에 접어들기 위해 의식적으로 쉬운 수학 문제를 40~50문제를 풀었다. 쉬운 수학 문제는 말 그대로 머리를 크게 쓰지 않아도 풀 수 있는 문제인데, 대부분의 문제집에 이와 같은 쉬운 문제들이 한 페이지에 몰려 있는 경우가 많다. 나는 쉬운 문제를 푸는 동안 다양한 경험을 하게 된다. 물론 문제를 풀면서 다른 생각을 하기도 하지만, 문제가 쉽기 때문에 그 정도 노력만으로도 답을 맞힐 수 있다. 이렇게 20문제, 30문제를 풀고 있으면 어느새 나도 모르게 문제에 집중하게 되며, 50문제 가까이 풀고 나면 시간 가는 줄 모르고 문제를 풀고 있는 나를 발견하게 된다. 그리고 마음이 차분해지고 공부에 온전히 집중할 수 있는 몰입 단계로 진입하게 된다.

레벨 3: 새로운 전략 적용하기

1) 모니터링

모니터링 전략은 학습이 진행됨에 따라 학습이 제대로 이루어지고 있는지를 감시하는 메타인지적 작용을 의미한다. 메타인지는 학습의 전 과정에 지속적으로 작용하는데, 특히 학습이 이루어지는 동안 가장 활발하게 작동해야 한다. 학습의 모든 단계 중 학습 준비와 학습 마무리 단계에 소요되는 시간에 비해 학습 활동이 이루어지는 시간이 압도적으로 길다. 뿐만 아니라 학습이 진행되는 동안에는 다양한 인지적 활동이 일어나며 이 과정에서 학습이 제대로 이뤄지기도 하고 그렇지 않기도 한다.

만약 바람직한 어려움을 동반하는 효율적인 학습 전략을 사용하지 않고 단순히 책을 반복해서 읽는 학습을 하는 경우 학습 시간에 비해 효율은 상당히 떨어지게 된다. 반면 반복해서 책을 읽는 학습은 텍스트 그 자체에 익숙해지기 때문에 안다는 착각을 일으키기 쉽다. 만약 이때 메타인지가 제대로 작동하지 않는다면 결국 공부를 했지만 머릿속에 남는 지식은 거의 없게 되어 결국 시간만 낭비하게 된다.

따라서 메타인지는 학습이 진행되는 동안 끊임없이 작동해야 한다. 그러나 학습자의 메타인지 능력에 따라 정확한 판단은 가능하기도 하고 어렵기도 하다. 이때 메타인지 능력을 끌어올리기 위해 학습이 진행되는 동안 발생하는 다양한 상황과 메타인지적 판단을 기록으로 남겨 나중에 이를 비교, 분석하는 방법을 사용할 수 있다.

요약하자면, 학습 단계에서 메타인지가 개입하여 현재 학습이 제대로 이루어지고 있는지, 목표는 달성할 수 있는지, 시간은 잘 관리되고 있는지 등을 판단하는 것이 모니터링이다. 학습 과정을 얼마나 정확하게, 자주 모니터링하느냐에 따라 학습의 결과가 달라지기도 하지만, 정교한 모니터링은 자칫 잘못된 학습 전략을 사용해 시간을 낭비하는 것을 사전에 방지할 수 있어 자기조절학습에서 사실상 가장 중요한 부분이라고 할 수 있다.

구체적인 모니터링 전략은 5장에서 자세히 살펴볼 것이다.

2) 피드백

학습을 마치고, 학습을 마무리하는 단계에서 '자기평가'와 '원인 분석'을 마치면 최종적인 의사결정 단계인 피드백만을 남겨두게 된다. 피드백은 이번 학습 결과를 참조하여 다음 학습을 더욱 효과적으로 계획하고 학습할 수 있도록 하는 학습의 마지막 단계이다.

학습 목표를 계속해서 진전시키기 위한 피드백은 다음 학습에 대한 동기를 만들어주는 효과를 발휘한다. 만약 자신의 학습에 약간의 불만족스러운 부분이 있다면 더욱 완벽한 학습이 이루어질 때까지 지속적인 피드백이 작동하며, 이런 과정에서 자기효능감은 높아지게 된다.

피드백은 단순히 결과가 나쁘게 나왔을 때 이를 개선하기 위해서만 작동하는 것은 아니다. 학습 결과가 좋게 나온 경우에는 그 원인을 분석해본 후 어떤 학습 전략이 성공적인 학습으로 이어지는 데 주요한 역할을 했는지 살펴보고, 같은 전략을 다음 학습에도 적용할 수 있도록 해주기 때문에 여러 차원에서 학습에 긍정적인 영향을 준다.

학습자는 학습을 마친 후 자기평가와 원인 분석(귀인) 단계를 통해 획득한 정보를 바탕으로 다음 학습에 계속해서 이어갈 학습 전략과 수정해야 하는 학습 전략으로 구분해야 한다. 이때 같은 전략이라도 때로는 효과적일 수도 있고, 그렇지 않을 수도 있다. 학습이라는 것은 원래 다양한 요소들이 복합적으로 작용하여 나타나는 현상이기 때문에 궁극적으로는 이 모든 것을 메타인지와 피드백으로 지속적으로 학습을 교정해나가야 한다.

Part 3.

―

반드시 성적이 오르는
자기조절학습 성공 전략

지금까지 우리는 왜 학생들에게 자기주도학습이 어려울 수밖에 없는지, 그 대안으로서 자기조절학습이 왜 유용한지, 단계별로 자기조절학습은 어떻게 이루어지는지를 차근차근 살펴보았다. 이제 실제로 자기주도학습 능력을 높이는 전략을 알아볼 차례다. 특히 시험 효과와 인출 연습, 누적 복습에 대한 내용은 잘 이해해두자.

Chapter

5

인지과학에 기초한
자기조절학습
성공 전략

공부의 짜릿한 쾌감을 증폭시켜라

●

●

●

우리 주변에는 가끔 공부가 재미있다는 사람들이 있다. 새로운 것을 알게 될 때, 퀴즈 정답을 맞혔을 때, 쉽게 풀리지 않던 어려운 문제를 풀었을 때 느껴지는 쾌감은 누구나 한번쯤은 경험해봤을 것이다. 텔레비전 채널을 돌리다 보면 어떤 형태든 '퀴즈'가 나오는 것을 쉽게 목격할 수 있다. 대부분의 사람들은 퀴즈가 나오면 반사적으로 맞히려고 하고, 맞히면 짜릿함을 느끼기 때문이다.

학창 시절 '전교권'에서 노는 친구들 중에는 공부가 재미있다고 하는 아이들이 꼭 있었던 것을 기억할 것이다. 또 전체적인 성적이 그렇게 높은 편은 아니지만 수학이나 영어, 과학 같은 특정한 과목을 재미있어하는 아이는 더 많았을 것이다. 물론 여러분이 그랬을 수도 있다.

나는 중학교 때부터 수학과 과학 과목, 그중에서 물리와 지구과학 과목을 좋아했다. 수학은 어려운 문제를 풀고 정답을 맞혔을 때 느끼는 짜릿한 기분이 좋았고, 과학은 새로운 지식을 알게 되는 것이 마냥 재미있었다. 앞에서도 잠시 언급했지만 특히 천문학에 관심을 가지기 시작한 중학교 1학년 때부터는 1년 가까이 용돈을 모아 전문가용 천체망원경을 구입하기도 했다. 이 망원경으로 밤을 새워가며 안드로메다 은하를, 목성과 토성을 관찰했던 기억은 지금도 생생하게 남아 아직도 나의 심장을 두근거리게 한다.

생각만 바꿔도 성적이 오른다?

소믈리에라는 직종이 있다. 이들은 요리나 상황에 어울리는 와인을 추천해준다. 당연히 각종 와인의 종류의 맛을 숙지하고 있고, 이를 위해 포도의 품종, 숙성 방법, 포도를 수확한 연도 등 와인의 특징에 대한 풍부한 지식을 갖추고 있어야 한다. 소믈리에는 와인을 한 모금만 마시고도 그 와인이 언제, 어느 지역에서 생산된 것인지 단번에 알아맞히기도 한다.

이렇듯 미세한 맛과 향을 구분할 수 있는 미각과 후각은 타고나는 것일까?

소믈리에가 되기 위해 필수적으로 거쳐야 하는 과정이 바로 후각 훈련이다. 바닐라, 레몬, 체리, 월넛, 트러플 등 와인에서 맡을 수 있는 50가지가 넘는 다양한 향을 모두 외우고 이를 구분하는 훈련을 하는데, 이러한 훈련을 통해 감각을 극대화시키는 것이다.

이처럼 인간의 감각기관은 훈련에 따라 아주 예민해지기도 한다. 여러분도 마찬가지다. 어느 정도 연습하면 상당부분 향상되는 것이 이러한 감각이다.

자, 잠시 글 읽는 것을 멈추고 주변에서 나는 작은 소리에 집중해보자.

어떤 소리가 들리는가? 집에서 책을 읽고 있다면 집 안의 전자제품이나 냉난방기에서 나오는 바람소리, 창 밖에서 나는 자동차 소리가 들리는가? 아마 조금 전까지 듣지 못하던 소리들이 들리기 시작할 것이다.

책을 읽는 데 집중하고 있을 때는 주변의 작은 소리가 들리지 않는다. 하지만 주변에서 나는 소리에 집중하면 생각보다 다양한 소리가 들린다. 그런데 재미있는 것은 한번 이런 작은 소리가 들리기 시작하면 이제는 다시 책을 읽는 데 집중하려고 해도 그 소리가 쉽게 들린다. 즉, 인간의 감각은 주의 집중을 통해 예민해지고, 한번 느끼기 시작한 감각은 주의 집중을 조금 덜 해도 쉽게 느낄 수 있다.

공부할 때 느껴지는 기분 좋은 느낌도 마찬가지다. 누구나 조금 어렵게 느껴지는 문제를 풀고 답을 맞혔을 때 빠르게 지나갔던, 뿌듯하고 짜릿한 느낌을 경험한 적이 있을 것이다. 알고 싶었던 새로운 지식을 알게 되었을 때 머릿속에 스쳐 지나간 그 기분 좋은 느낌을 기억할 것이다.

공부의 재미는 바로 이런 것에서 시작한다. 다만 이런 느낌에 얼마나 주의를 집중해서 그 느낌을 예민하고 크게 받아들이는가의 차이만 있을 뿐이다.

만약 생각을 조금 바꾸는 것만으로도 성적이 오른다고 가정해보자. 이런 일이 정말 가능하다면 여러분은 어떻게 하겠는가? 당연히 생각을 조금, 아니 많이 바꾸겠다고 할 것이다. 좋은 성적을 받기 위해 해야 할 것 같은 노력에 비해 생각을 조금 바꾸는 것은 상대적으로 쉬운 일 같기 때문이다.

그런데 실제로 그렇다. 우리의 생각은 많은 것을 바꾼다.

생각의 힘

스트레스는 만병의 근원이라는 말이 있다. 하지만 적당한 스트레스가 삶의 에너지가 된다는 주장도 있다. 미국의 건강심리학자 캘리 맥고니걸(Kelly McGonogal)은 다양한 연구를 통해 우리 생각과는 달리 스트레스가 우리 삶의 에너지가 된다는 것을 과학적 검증 과정을 통해 증명해냈다. 그에 대한 첫 번째 연구는 1998년 미국 성인 3만 명을 대상으로 실시한 조사였는데, "작년 한 해 동안 경험한 스트레스가 얼마나 컸는가?", "스트레스가 건강에 해롭다고 믿는가?"라는 질문으로 시작했다. 조사 결과 스트레스가 '건강에 해롭다고 믿은' 사람들만 실제 사망 위험이 크게 증가했고, 높은 스트레스 수치를 기록했지만 스트레스가 건강에 해롭지 않다고 생각했던 사람들은 스트레스를 거의 받지 않는 사람들과 사망 위험 수치가 별로 다르지 않았다. 연구는 스트레스 자체보다는 스트레스가 해롭다는 '생각'이 스트레스와 결합했을 때 질병을 유발하며 사망 위험을 높인다는 결론을 내렸다.

또 다른 연구에서는 스트레스를 받는 사건을 많이 경험한 사람들은 자신의 인생이 의미 있다고 생각하는 경향이 높은 것으로 나타났다. 스트레스는 삶이 어딘가 잘못됐다는 신호가 아니다. 스트레스가 적은 삶은 생각만큼 행복하지 않았다. 대부분 사람들이 덜 바쁘면 더 행복할 거라고 생각하지만 연구 결과는 그와는 정반대다.

삶이 지금보다 스트레스가 적어야 한다고 생각하면, 스트레스를 받으면 자신이 부족하다고 생각하게 된다. 완벽한 사람이라면 이런 스트레스를 받지 않을 거라고 생각하는 것이다. 이때 스트레스는 자신이 '실패'했다는 증거가 되어버린다.

신경생물학적으로 스트레스를 받을 때 분비되는 신경전달물질과 호르몬은 긍정적 의미에서 흥분했을 때 분비되는 것과 동일하다. 여행이나 소풍 가기 전에 느끼는 흥분은 분명 기분 좋은 것이다. 스트레스 상태일 때와 흥분 상태일 때 신체 생리적인 반응은 똑같은데, 그것을 어떻게 생각하느냐에 따라 우리 몸에 끼치는 영향이 달라진다는 말이다.

공부도 마찬가지다. 근본적으로 사람은 성장하고 싶은 욕구가 있다. 자전거를 타도 더 빨리, 더 잘 타고 싶고, 운동을 해도 좀 더 잘하고 싶은 욕구를 느낀다. 악기를 배우게 되면 더 멋지게 연주하고 싶고, 외국어를 배울 때는 외국 사람과 자유롭게 대화하는 것을 기대하게 된다.

배움을 통한 성장은 인간의 기본적인 욕구이다. 다만, 그 배움이 내가 선택한 것인지 혹은 다른 사람의 강요에 의해 억지로 배워야 하는 것인지에 따라 달라지는 것이다.

숙달 동기

숙달 동기란 아무런 보상이 주어지지 않더라도 도전을 지속하고 그 과정을 즐기는 동기를 말한다. 숙달 동기는 배움이라는 과정이 주는 즐거움을 알고 이를 지속적으로 추구하고자 하는 동기로서 높은 학업 성취를 얻는 데 매우 중요한 역할을 한다. 따라서 좋은 성적을 받고자 하는 학생들은 반드시 배움의 즐거움을 알고 이를 위해 지속적인 노력을 하게 해주는 숙달 동기를 높여야 한다.

이러한 숙달 동기는 생각의 차이에서부터 비롯된다. 어떤 문제를 풀어 맞힐 때 받게 되는 기분 좋은 느낌은 숙달 동기의 출발점이다. 호기심을 불러일으키는 어떤 대상에 대해 자세히 알게 되거나 새로운 지식을 알게 되었을 때 느끼는 감정 또한 숙달 동기를 불러일으킨다. 물론 이러한 숙달 동기는 주변 사람들과의 상호작용을 통해 발달되기도 하지만, 학습자 스스로 자신의 느낌에 집중하면서 높일 수도 있다.

인간의 감각은 훈련을 통해 더욱 예민해진다. 작은 느낌도 스스로 증폭시켜 크게 느낄 수 있다는 뜻이다. 또 그런 기분 좋은 느낌을 지속적으로 얻기 위해 더 많은 노력과 도전을 시도하게 될 것이다.

그래서 지금부터 학생들이 해야 하는 첫 번째는, 공부를 하는 동안 잠깐 스쳐 지나가는 기분 좋은 느낌에 집중하는 것이다. 문제를 풀고, 답을 맞혔다면, 크게 소리 내서 말해보자. "예스!" "난 천재야!"

놀림을 받더라도 상관없다. 그만큼 '공부를 하는 기분이 좋은 것이구나' '공부는 재미있구나'라는 느낌을 남들도 알 수 있을 정도로 크게 증폭시켰다는 것이기 때문이다. 순간의 그 느낌에 집중하고, 충분히 음미하고, 새로운 것을 알게 되는 기쁨을, 점점 쌓여가는 지식을 만끽하라! 그것이 기분 좋다는 생각을 갖게 되기만 하면, 머지않아 공부가 즐겁다는 생각을 스스로 하기 시작할 것이다.

"당신이 반드시 성공할 것이라고 생각한다면 그 생각대로 될
것이다.
만약 당신이 실패할 것이라고 생각한다면, 그것 또한 당신의
생각대로 될 것이다."

작은 노력으로 큰 것을 얻는 것은 바로 생각의 힘, 마음의 힘
이다.

망각의 사이클을
극복하는 시험 효과

●

●

●

우리는 짧은 시간에 많은 것을 외우는 놀라운 암기력도, 어렵게 외운 것을 쉽게 잊어버리는 망각의 사이클도 가지고 있다. 나도 학창시절 이런 경험을 수도 없이 해봤다.

고등학교 1학년 때 영어 수업 시간은 그야말로 지옥이었다. 두꺼운 영어 단어집으로 매일 단어 시험을 봤기 때문이다. 시험 문제는 20문제였고, 그 중 3개 이상 틀리면 틀린 개수만큼 손바닥을 맞았기 때문에 대부분의 학생들은 필사적으로 영어 단어를 외웠다. 수업 시간마다 외워야 할 단어의 개수는 약 50개 정도 되었다.

가끔은 영어 단어를 미리 외워 갔지만 대부분의 경우 아침에 학교에 도착해서 외우기 시작했다. 영어 수업 전 쉬는 시간에 외우기 시작한 적도 있다. 그 10분간 놀라운 집중력을 발휘해서 단어를 외우고 단어 시험을 간신히 통과했다. 우리 반에서 꼴찌를 하던 친구도 쉬는 시간 10분 동안 50개의 영어 단어를 다 외우고 테스트를 통과한 날이 많았다. 역시 공포의 힘은 대단했다고 해야 할까.

그런데 더 놀라운 사실은 나를 포함한 많은 학생들이 영어 시간이 끝나면 10분 동안 미친 듯이 외웠던 영어 단어의 대부분을 기억하지 못했다는 것이다.

어떤 기억은 한 번 봐도 평생 동안 기억하지만, 어떤 기억은 죽어라 외워도 날아가버린다. 나는 분명히 영어 단어를 열심히 외웠는데, 금세 잊히고 만다. 만약 모든 공부에서 '한번 봤는데 평생 기억'할 수 있다면 얼마나 좋을까?

기억의 메커니즘

이런 고민은 나만의 것은 아니었다. 많은 인지과학자들이 기억의 메커니즘을 밝히고 공부의 비밀을 찾아내기 위해 연구를 했다. 서울대학교 의과대학 강봉균 박사팀은 기억이 저장되는 위치를 규명하는 논문을 2018년에 세계적인 학술지 「사이언스 (Science)」에 발표했다. 세계 최초로 기억이 시냅스에 저장된다는 가설이 증명된 순간이었다.

잠시 기억에 대해 좀 더 전문적인 이야기를 해보겠다. 뇌 속에 기억이 저장된다는 것은 '엔그램(engram)'이 형성된다는 것이다. 엔그램은 학습에 의하여 뇌 안에 축적된 기억의 흔적을 가리킨다. 쉽게 말해 우리가 어떤 정보를 기억한다는 것은 뇌세포 어딘가에 흔적이 남는다는 것인데, 그런 흔적은 세포 내 핵산이나 단백질 등의 고분자 중에 암호화되어 남는다. 어떤 정보가 필요해 기억을 떠올린다는 것은 이렇게 암호화되어 있는 것을 풀고 해당 정보를 가져오는 과정이다.

기억의 종류

사람의 기억은 크게 3가지로 구분한다. 감각기억(sensory memory), 단기기억(short-term memory), 장기기억(long-term memory)이 그것이다. '감각기억'은 몇 초만 기억할 수 있는 아주 순간적인 기억이고, 여기서 조금만 노력하면 대부분은 머릿속에 '단기기억'으로 저장이 된다. 일반적으로 이 '단기기억'은 특별한 노력을 하지 않으면 30초 이내로 기억에서 사라지게 된다. '장기기억'이란 수개월에서 평생 동안 기억되며, 대부분 우리가 일상적으로 '기억한다' 또는 '알고 있다'고 생각하는 것은 장기기억에 저장된 내용이다.

내가 고등학교 때 쉬는 시간 동안 외운 영어 단어는 단기기억이었다. 이것을 장기기억으로 바꾸기 위해서는 몇 차례 반복적인 복습을 했어야 했는데 대부분 그렇지 못했기 때문에 나는 고등학교 시절 내내 영어를 잘 못했고 싫어하기도 했다. 대부분의 사람이 비슷하다. 자신의 관심사나 반복 여부에 따라 달라질 뿐, 기억력이 현저하게 떨어지는 경우나 한 번만 봐도 절대로 잊어버리지 않는 기억력은 거의 없다.

인간은 망각의 동물이다. 누구나 공부한 내용을 잊어버린다. 우리 학교 전교1등도 잊어버린다. 주위에서 가장 공부를 잘하는 학생한테 물어보라. "너도 공부한 것 시간이 지나면 잊어버리니?"라고.

단기기억은 생각의 공간이다. 기억 속에 있는 정보를 생각하기 시작하면, 그 기억은 장기기억에서 인출(retrieval)되어 단기기억으로 불려온다. 이때 인출은 통장에 있는 예금을 인출하듯 장기기억에 있는 정보를 단기기억으로 불러오는 과정을 말한다.

우리가 어떤 새로운 개념을 배우기 위해 공부를 한다고 가정해보자. 책에 있는 중요한 단어를 보는 순간, 그 내용은 감각기억을 지나 단기기억으로 넘어온다. 이후 이 내용을 반복해서 공부하면 장기기억에 저장되는 것이다. 며칠이 지나 공부한 내용을 떠올릴 수 있다면, 장기기억에 저장되어 있던 내용을 단기기억으로 인출해내는 데 성공한 것이다.

기억의 인출은 뇌에 적절한 자극을 주며, 그 자체로 '바람직한 어려움'을 동반하는 학습법이다. 장기기억에 저장되어 있는 지식을 인출하는 행위는 그 지식을 다시 떠올리기 쉽게 해주므로 그 자체로 높은 학습 효과를 갖는다. 이런 학습 효과는 성별, 인종, 연령을 불문하고 모두에 똑같이 나타나는데, 이처럼 시험을 보는 것만으로 성적이 올라가는 현상을 '시험 효과'라고 한다.

어떻게 공부할 것인가?

수많은 학자들이 시험 효과를 반복 검증하고 있으며, 거의 모든 연구에서 시험 효과는 다른 학습법에 비해 높은 학습 효과를 보여 준다. 인출 연습이 최대의 효과를 발휘하게 하려면 생각 없이 되뇌거나 반복해서 읽는 것이 아니라 '인지적 노력'을 들여 반복해서 기억을 인출해야 한다. 인출을 반복하면 기억이 단단한 개념으로 뇌에 통합되기 쉬우며, 나중에 그 지식이 인출되는 신경 회로가 강화되며 크게 증가한다.

인출 연습에 관한 첫 번째 대규모 연구는 1917년 미국 컬럼비아 대학에서 이루어졌다. 연구에 참가한 학생들은 『미국인명사전(Who's who in America)』에 실린 유명인들의 짧은 업적들을 일부 발췌해 공부했는데, 한 집단은 자료를 보고 그 내용을 속으로 암송하고, 한 집단은 자료를 반복해서 읽기만 했다. 모든 학생에게 똑같은 시간을 준 후 기억나는 것을 적도록 하는 시험을 실시했는데, 대부분의 학생들이 답안을 잘 작성했다. 그런데

3시간 후 똑같은 시험을 다시 치르자, 책을 반복해서 읽은 집단보다 한 번 읽고 암송을 한 집단이 30퍼센트 정도 더 많은 내용을 기억했다. 불과 3시간 만에 암송을 한 집단과 반복해서 읽기만 한 집단의 성적 차이가 무려 30퍼센트나 벌어진 것이다.

2008년, 「사이언스」에 「학습을 위한 인출의 중요성(the critical importance of retrieval for learning)」이라는 제목의 논문이 게재되었다. 이 논문은 우리의 상식을 뒤집으며 성적이 오르는 공부의 본질을 밝혀낸 것으로 평가된다.

제프리 카픽(Jeferry D. Karpicke)과 핸리 뢰디거(Henry L. Roediger)는 대학생들을 대상으로 한 가지 실험을 했다. 실험은 아프리카 스와힐리어와 영어로 짝지어진 40개의 단어 쌍을 외우는 것이었다. 예를 들면 'Mashua-Boat'와 같은 단어 쌍을 40개 주었는데, 우리나라에서 실험을 했다면 '마슈아-보트'와 같이 한글로 주어졌을 것이다. 대학생들은 다음과 같이 단어 외우는 학습을 하고 시험을 보는 과정을 모두 4회 반복했다.

[그림 5-1] 인출과 학습 효과의 관계 실험 모델

피험자들은 다음과 같은 4개의 그룹 중 하나에 무작위로 배정되었다. 1그룹은 반복학습-반복시험, 2그룹은 비반복학습-반복시험, 3그룹은 반복학습-비반복시험, 4그룹은 비반복학습-비반복시험을 반복하게 했다. 반복학습 그룹은 직전의 단어 시험 결과와 관계없이 계속해서 40개의 단어를 암기해야 했고, 비반복학습 그룹은 직전의 단어 시험 결과에 따라 맞힌 문제는 빼고 틀린 문제만 암기하게 했다. 또 반복시험 그룹은 똑같은 문제를 모두 시험에 냈고, 비반복시험 그룹은 직전 시험에서 맞힌 문제는 제외하고 문제를 풀었다.

실험 결과는 전체적으로 큰 차이가 없었으며, 마지막 4차 시험에서는 모든 집단의 실험 참가자 대부분이 단어를 모두 외웠

[그림 5-2] 1차 실험 결과

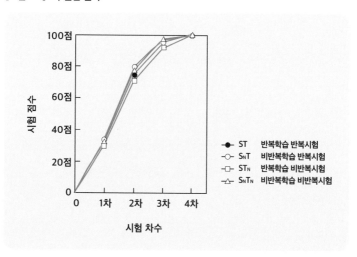

다.([그림 5-2] 참조) 그런데 4차 시험을 본 후 1주일 뒤에 같은 시험을 보았는데, 그 결과는 놀라웠다.

[그림 5-3] 2차 실험 결과

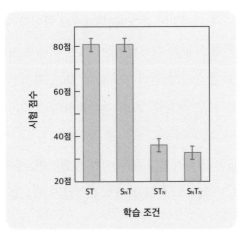

네 그룹 중 두 그룹은 학습을 마치고 일주일이 지난 후에도 여전히 암기한 단어의 80퍼센트를 기억하고 있었다. 반면 나머지 두 집단은 고작 30~35퍼센트만 기억했다.([그림 5-3] 참조) 대체 무엇이 이런 차이를 만든 것일까?

학습 완료 일주일 후 80점 이상을 받은 집단은 반복학습-반복시험 집단과 비반복학습-반복시험 집단이었다. 즉, 반복시험이 열쇠였던 것이다. 반복시험은 맞힌 단어도 계속해서 시험에 출제함으로써 시험을 보는 동안 다시 한 번 기억을 인출하게 한다. 반면 비반복시험은 직전 시험에서 답을 맞힌 단어는 다음 시험에서 출제하지 않기 때문에 인출 기회가 없었다.

인출의 중요성을 극명하게 알려준 이 연구는 학습에 대한 우리의 상식을 깼다. 예를 들어 우리는 학습법과 관련해 흔히 '오답을 잘 관리하라'라는 조언을 듣는다. 오답 관리의 중요성은 직관적으로 이해할 수 있고, 틀린 문제만 따로 다시 풀어보는 것이 중요하다는 것은 상식 수준의 학습법이다. 그래서 많은 학습법 전문가들은 틀린 문제를 따로 적어두고 관리하는 '오답노트'나 틀린 문제만 모아 시험을 보는 '오답 시험'을 성적 향상의 핵심 중 하나로 설명한다.

물론 틀린 문제를 다시 공부하는 것은 반드시 필요하다. 이 연구의 결과가 이를 부정하는 것은 결코 아니다. 나도 마찬가지다. 그러나 틀린 문제를 다시 살피는 공부는 너무나 당연하다. 위 실험에서도 틀린 문제를 다시 공부한 건 마찬가지였다.

그런데 성적의 차이는 다른 곳에서 나타났다는 데 주목해야 한다. 아는 것도 다시 시험 보는 것, 이미 외운 단어나 풀어서 맞힌 문제도 반복해서 인출 연습을 하는 것이 오랫동안 기억을 유지하도록 도와준다는 것이다.

요약하자면, 틀린 문제를 다시 알 때까지 공부하는 것은 물론 중요하다. 이런 공부는 당연히 기본적으로 해야 하는 것이다. 그러나 그동안 우리가 틀린 문제에 기울인 관심만큼, 맞힌 문제도 다시 공부하는 것이 중요하다는 이야기를 하고 싶다. 이는 두 가지 차원에서 의미가 있다. 첫 번째는 아는 것도 다시 확인하는 '복습'의 차원이고, 두 번째는 '반복 인출'이 우리의 기억을 지속시켜준다는 것이다. 인출 연습이 바로 성적을 올리는 비법이라는 것을 명심하길 바란다.

Part 3. 반드시 성적이 오르는 자기조절학습 성공 전략

흩어져 있는 개념을
구조화하라

●

●

●

　시험을 보는데 어려운 문제가 나왔다고 해보자. 이 문제는 분명 내가 배우지 않은 곳에서 나온 것 같다. 하지만 시험을 마치고 친구들의 이야기를 들어보니, 어떤 문제는 나도 충분히 풀 수 있는 문제였다.

　누구에게나 이런 경험이 있다. 나도 그랬고, 여러분도 그랬다. 시험을 보는 동안 공부한 내용이 생각나질 않으니 답답했을 것이다. 시험을 마친 후에 나도 풀 수 있었던 문제라는 것을 깨달았을 때 얼마나 허무하고 속상했는가?

　이렇게 시험을 보는 동안 생각이 잘 나지 않던 문제의 실마리를 잡아나가는 방법은 무엇일까? 바로 공부한 내용을 머릿속에 체계적으로 잘 정리해 필요한 내용을 쉽게 꺼내 쓰는 것이다. 그리고 이것은 단원 목차를 외우는, 아주 간단한 방법으로 가능하다. 목차를 외운다는 것은 지식을 하나로 묶어내는 과정이다. 인지과학에서는 이런 인지 학습 전략을 정교화 혹은 조직화라고 한다.

학생들이 어려운 문제를 만났을 때, 그리고 그 문제가 도대체 어디서 튀어나왔는지도 모를 때는 둘 중 하나일 것이다. 필요한 지식이 기억 속에 없거나 혹은 그 지식이 그 순간에 떠오르지 않은 것이다.

뭔가 아는 것 같은데 생각이 안 나는 것을 '설단 현상'이라고 부른다. 인지과학 용어로는 '인출 실패'라고 한다. 일반적으로 인출 실패는 인출 단서가 부족할 때 나타나는데, 어떤 지식의 인출 단서가 적거나 머릿속이 복잡할 때 이런 현상이 자주 나타난다. 배운 내용이 머릿속에 뒤죽박죽되어 있으면 필요한 순간에 딱 떠오르지 않는 것이다.

공부를 할 때 중요한 것은 머릿속에 배운 내용을 잘 저장하는 것만이 아니다. 배운 내용을 필요한 순간에 빠르고 정확하게 떠올리는 것이 어쩌면 더 중요하다. 따라서 우리는 빠르고 정확하게 '인출'하는 방법을 알아둘 필요가 있다.

머릿속에 폴더를 만들어라

내 머릿속에는 기억해야 할 내용들이 너무 많아서 수많은 내용들이 정신없이 뒤죽박죽 섞여 있다. 하지만 그 내용들이 어떻게 연결이 되고, 어디에 사용되고, 또 어떻게 활용되는지 아는 것은 너무나 중요하다. 그래야만 자유자재로 필요할 때마다 필요한 지식을 꺼내 쓸 수 있기 때문이다. 마치 머릿속에 '폴더'를 만들어놓고, 필요할 때마다 해당 폴더로 이동해 필요한 자료를 꺼내는 것과 같다.

스마트폰을 떠올려보자. 지금 내가 사용하고 싶은 앱이 있다. 분명 내 스마트폰에 깔려 있는 앱인데 보이지 않는다. 수많은 앱들이 뒤죽박죽 섞여 있으면 필요한 것들을 빠르게 찾아낼 수 없다. 그래서 우리는 폴더를 만들어놓고 비슷한 종류의 앱을 모아둔다. 이런 폴더 정리는 한 번만 해두면 편리하게 사용할 수 있다.

공부도 마찬가지다. 우리가 배운 여러 가지 개념들이 머릿속에서 두서없이 섞여 있도록 그냥 내버려두어서는 안 된다. 폴더별로 저장해두고, 필요할 때 빠르게 기억해내야 한다.

시험을 보다가 혹은 숙제를 하다가 풀이 방법이 생각나지 않으면 배운 내용들을 떠올려야 한다. 내가 알고 있는 내용은 무엇인지, 그중 문제와 관련 있어 보이는 것은 무엇인지 생각해야 한다. 이런 과정이 시험에서 모르는 문제를 만났을 때 머릿속에서 일어나야 한다. 그리고 그러려면 머릿속이 폴더처럼 정리되어 있어야 한다.

머릿속에 폴더를 만드는 일이 바로 목차를 외우는 것이다. 무엇을 배웠는지 머릿속에 목록으로 저장이 되어 있어야 필요할 때 꺼내 확인할 수 있다. 목차를 읽고 대단원, 소단원, 각 단원의 핵심 단어와 주요 주제를 머릿속에 담아두어야 한다.

목차를 외우는 일은 생각보다 쉽다. 우리가 배우는 여러 단원들의 이름은 이미 수십 번씩 반복해서 듣기도 하고 보기도 했기 때문에 순서만 기억하면 된다. 하루에 2분씩 일주일만 반복하면 한 학기 분량의 목차를 대부분 쉽게 외운다. 수업 시작 전 혹은 숙제 시작 전에 목차를 펼치고 한 번씩 읽어보기만 하면 된다. 하루에 2분씩만 투자하면 내가 공부한 개념들을 하나로 묶을 수 있다는 것이다.

정보들은 연결되어 있어야 한다

연구 결과, 공부를 잘하는 학생과 못하는 학생은 다음과 같은 특성이 있었다.

공부를 못하는 학생은 단편적인 지식을 이용하여 문제를 해결하려 하고, 예전에 배운 내용과 지금 배우고 있는 내용의 관계를 파악하지 못한다.

반면 공부를 잘하는 학생은 문제를 분석적, 종합적으로 받아들이고 여러 가지가 복합된 하나의 덩어리로 인식하고, 복합적인 개념 속에서 각각의 개념을 전체의 한 부분으로 인식하고, 여러 가지 요소를 관련지어 전체를 구조화하려고 노력한다.

즉, 공부를 잘하는 학생들은 단편적인 지식들을 서로 연결지어 생각하고, 결국에는 큰 덩어리로 만들어 기억한다는 뜻이다. 이런 학생들은 수업 시간에 배우는 핵심 단어와 개념들 사이의 관계를 이해하고 있고, 중요 개념들 사이의 연결망을 형성하여 공부한다. 결국 공부를 잘하는 핵심은 새롭게 배운 정보를 단편적으로 받아들이는가, 아니면 복합적으로 연결해서 받아들이는가의 여부다.

많은 학생들이 책을 읽거나 수업을 들었을 때는 알 것 같았는데 지나고 나면 전혀 기억이 나지 않는다고 이야기한다. 이것도 같은 원리다. 책이나 수업에서 주어지는 정보들을 파편적으로 기억하려 할 뿐 각 정보들과 이미 알고 있는 지식을 잘 연결하지 못하기 때문이다. 이런 학생들이 각 정보와 지식을 잘 연결지을 수 있다면, 큰 학습 효과를 얻을 수 있을 것이다.

새로운 지식은 예전에 배웠던 비슷한 종류의 지식과 같은 공간에 함께 저장되어 있어야 나중에 떠올리기 쉽다. 비슷한 지식은 서로 '인출 단서'가 되어 그 지식을 꺼내는 데 도움이 되기 때문이다. 우리가 흔히 '연상 작용'이라고 하는 것이 바로 그것이다.

목차 외우기

그렇다면 목차를 영어 단어를 외우는 것처럼 외워야 할까? 다행히 훨씬 좋은 방법이 있다. 바로 '인출 연습'이다.

백지를 펼쳐놓고 지금 공부하는 교과목의 대단원을 적어보자. 생각이 난다면 그 하위의 중단원, 그리고 소단원까지 적는다. 그런 후 소단원 밑에 그 단원에서 배웠던 내용 중 중요한 키워드를 적어보자. 공부한 곳까지만 적어도 된다. 마지막으로 교과서 목차를 확인한 후 틀린 부분이 있다면 고쳐보자.

이 과정을 한 달에 두세 번만 해보라. 처음에는 잘 안 외워지겠지만, 책을 펼칠 때마다 목차를 관심 있게 읽으면 도움이 된다. 단, 읽기만 하는 게 아니라 반드시 인출 연습을 해야 한다.

5분
누적 복습의 힘

●

●

●

　우리에게 몇 개의 큰 물통이 주어지고, 그 물통을 가득 채워야 하는 임무를 수행 중이라고 생각해보자. 안타깝게도 물통들에는 조금씩 금이 가 있어서 시간이 지나면 물이 샌다. 하지만 일단 채우는 것이 우선이니 채우고 본다. 열심히 물을 길어 물통에 물을 채우다 보니 첫 번째 물통을 다 채웠다. 흐뭇하다. 이제 두 번째 물통을 빠르게 채운다. 세 번째 물통을 열심히 채운다. 그런데 중간점검을 나온 사람이 첫 번째 물통을 보며 "이봐, 여기 아직 안 채웠잖아!"라고 한다. 아니, 뭐라고? 난 아까 분명히 가득 채웠는데?

　아, 물이 샌다는 걸 깜박 잊고 있었다. 물통을 채우는 데만 신경을 쓰다 보니 다른 물통이 새는 것을 잊고 있었던 것이다. 다시 첫 번째 물통에 물을 채운다. 그러다 보니 두 번째 물통에도 물을 더 채워야 한다. 이번에는 네 번째 물통에 물을 채운다.

아, 또 첫 번째 물통부터 세 번째 물통까지 조금씩 물이 샌다. 다행인 것은 여러 번 물통에 물을 채우다 보니 능숙해져서 물을 채우는 속도가 제법 빨라졌다는 것이다. 다섯 번째 물통을 채우면서부터는 앞서 채웠던 물통을 가끔 점검해가며 작업하게 되었다. 요령이 생긴 것이다. 결국 다섯 개의 물통을 채우는 데 성공한다.

현실에서도 이런 일들이 계속해서 반복된다. 바로 공부를 할 때다. 우리가 물통에 물을 붓는 것은 공부를 통해 지식을 머릿속에 넣는 것과 같다. 물통에 물이 새는 것은 공부한 내용을 잊어버리는 것이다. 우리의 머리도 금이 간 물통과 같다. 우리의 머리는 단기기억을 저장하는 곳과 장기기억을 저장하는 곳이 다르다. 단기기억 속에 저장된 내용은 일정 시간이 지나면 누구나 잊어버린다. 슬프게도 한번 공부한 내용을 영원히 기억할 수는 없다. 그렇기 때문에 복습하고 또 복습해야 한다.

잊어버리니까 사람이다

물통의 물이 새면 다시 채우면 된다. 공부한 내용도 잊어버리면 다시 공부하면 된다. 잊어버리는 것을 슬퍼할 것이 아니라 복습해야 하는 것을 깨달아야 한다. 물론 힘든 일이다. 그래서 공부는 아무나 잘할 수 없는 것이다. 복습의 필요성을 아는 사람과 모르는 사람, 알기 때문에 하는 사람과 알고서도 하지 않는 사람의 생각의 차이가 바로 성적의 차이다. 가장 공부 잘하는 아이도, 선생님도 잊어버린다. 그래서 선생님들도 학생들을 잘 가르치기 위해 끊임없이 복습하고 연구한다. 잊어버리니까 사람이다. 공부는 원래 끊임없이 잊고 기억하는 과정을 반복해야 된다. 적어도 그 개념을 더 이상 기억할 필요가 없을 때까지.

다행히도 두 번째 공부할 때는 첫 번째 공부할 때보다 그 속도가 빠르다. 당연하게도 세 번째 복습을 할 때는 그 속도가 더

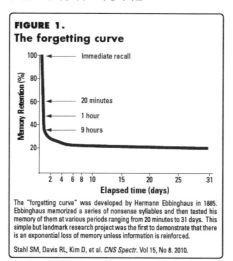

[그림 5-4] 에빙하우스의 망각곡선

빨라진다.

독일의 유명한 심리학자 헤르만 에빙하우스(Hermann Ebbing haus)는 1885년에 「기억에 관하여」라는 연구 결과를 발표했다. 이 내용 중에 그 유명한 '에빙하우스의 망각곡선(Ebbinghaus's Forgetting Curve)'이라는 이론이 포함되어 있다. [그림 5-4]를 살펴보자.

에빙하우스의 연구 결과에 따르면, 인간의 기억은 학습 후 10분이 지나면 망각이 시작되고, 20분이 지나면 처음 학습한 내용의 38퍼센트를 까먹는다고 한다. 1일이 지나게 되면 67퍼센트, 한 달 뒤에는 79퍼센트를 잊어버린다. 따라서 이러한 망각을 이겨내기 위해서는 복습의 주기가 중요하다.

[그림 5-5]처럼 에빙하우스의 망각곡선을 활용하면 효과적인 복습을 위한 최적의 복습 주기를 찾을 수 있다. 이를 바탕으

[그림 5-5] 망각곡선을 이용한 복습 주기

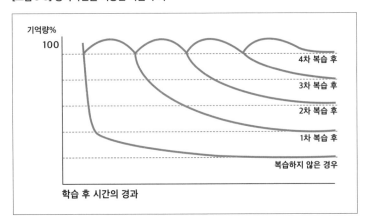

로 나는 다음과 같은 누적복습 주기를 만들어주는 공식을 만들었다. 그리고 이 공식은 내가 만든 스터디 플래너와 온라인 수학 교육 시스템에 적용되어, 누구나 편리하게 누적복습을 할 수 있게 해주었다.

[그림 5-6] 누적복습 주기 공식

$$R_m = T_d - \sum_{n-1}^{m} 2^{n-1}$$

R_m : m번째 복습할 학습 회차 (R_1은 1회차 복습, R_2는 2회차 복습)

T_d : 오늘 학습 회차 (T_1은 12번째 학습 회차)

이 공식은 오늘 배운 내용을 언제 복습해야 하는지 정확한 날짜를 구해준다. 복잡해 보이지만 걱정할 필요 없다. 이 공식을 이해할 필요는 없으니까. 계산 결과만 알아도 괜찮다.

다음은 이 공식을 이용해서 오늘 공부한 내용을 언제 복습해야 하는지 계산한 결과이다.

1번째 복습: 1일 뒤
2번째 복습: 3일 뒤
3번째 복습: 7일 뒤
4번째 복습: 15일 뒤

5번째 복습: 31일 뒤

최상위권을 노리는 학생이라면, 초등학교의 경우 3~4번, 중학교의 경우 4~5번, 고등학교의 경우 5~6번의 복습이 필요하다. 물론 모든 과목을 이렇게 하는 건 불가능하다. 과목에 따라 필요한 복습의 성격도 다르다. 이런 스케줄로 복습하기 위해서는 스터디 플래너를 잘 활용하면 도움이 된다.

세상 쉬운 5분 누적 복습 학습법

그렇다면 복습에는 복습주기가 가장 중요할까? 아니다. 물론 가장 이상적인 복습은 위 공식으로 도출된 최적의 복습주기에 맞춰 복습을 하는 것이지만, 그보다 더 중요한 것은 복습을 했느냐 안 했느냐다. 여러 번 반복해서 복습한다면 가장 좋겠지만 상황에 따라 1~2번 정도의 복습으로도 효과를 끌어낼 수 있다. 안 하는 것보다 훨씬 낫다는 뜻이다. 다음은 최소의 노력으로 최고의 효과를 끌어내는 5분 누적 복습 학습법이다.

1차 복습

공부를 잘하고 싶다면 학교 수업 시간이 끝나고 딱 2분만 늑장을 부려라. 앞서 살펴본 것처럼 인간은 공부를 한 후 1~2일

내에 배운 내용의 대부분을 빠르게 잊어버린다. 1시간이 지나면 배운 내용의 절반을 잊고, 다음 날이 되면 배운 내용의 70퍼센트 가까이를 잊어버린다. 다 잊어버린 후에 복습을 하려면 시간이 오래 걸린다. 하지만 잊기 전에 복습을 하면 복습 시간이 짧다.

따라서 수업이 끝난 후 즉시 배운 내용을 빠르게 복습하는 것이 1차 복습이다. 보통 수업 시간에 배우는 내용은 한 교시당 교과서 기준으로 3~5쪽 내외이다. 한 쪽당 중요한 개념은 적게는 1개에서 많게는 4~5개 정도 된다. 그리고 중요한 개념은 반드시 굵은 글씨나 다른 색상으로 강조되어 있다. 수업을 마치자마자 복습을 할 때는 이렇게 중요한 개념만 다시 읽어보고 선생님이 했던 설명을 머릿속으로 다시 한 번 떠올려보는 것으로 충분하다. 이 복습 습관은 어떤 복습보다 더 중요하다.

2차 복습

이제 2차 복습을 할 차례다. 2차 복습은 집에 돌아가서 오늘 배운 내용을 똑같이 다시 한 번 훑어보는 것이다. 역시 2~3분 정도면 충분하다. 오늘 학교에서 6교시 동안 공부를 했고, 주요 과목이 3과목이었다면, 모두 훑어보는 데 10분이 안 걸린다. 딱 10분만 투자해서 오늘 배운 내용을 살펴보자. 이렇게 1차 복습과 2차 복습만 충실히 해도 학습 효과를 체감할 수 있을 것이다.

3차 복습

3차 복습은 수업이 시작되기 직전 지난 시간에 배운 내용을 다시 한 번 훑어보는 것이다. 3분이면 충분하다. 1차 복습과 2차 복습을 했다면 수업 시작 전에 그 내용을 가볍게 읽어보는 것만으로 지난 시간에 배운 내용이 고스란히 머릿속에 떠오를 것이다.

별도의 복잡한 복습 주기나 특별히 많은 시간이 필요한 방법이 아니다. 그저 잊어버리기 전에 빠르고 가볍게 다시 한 번 살펴보는 것만으로 놀라운 학습 효과를 얻을 수 있다.

QM차트로
모니터링하기

●

●

●

문제를 풀다 보면 틀리는 문제가 당연히 있다. 틀린 문제는 크게 두 가지로 구분된다. 몰라서 틀린 것과 알면서도 틀린 것이다.

몰라서 틀린 것은 공부해서 해결하면 된다. 문제는 알면서도 틀린 것이다. 아는 문제를 왜 틀리는 것일까? 우리는 이런 걸 '실수'라고 부른다. 사람이니까 실수할 수 있지만, 실수도 실력이다. 그 실수로 떨어진 점수는 생각보다 많은 것에 영향을 미친다. 엄마는 화를 내실 것이고, 용돈이 깎일지도 모르고, 심지어 대학이 바뀌기도 하고, 더 나아가 인생이 바뀔 수도 있다. 그러므로 실수를 최소화할 수 있는 방법을 끊임없이 고민해야 한다.

안 틀릴 수 있었는데, 모르는 문제가 아닌데 몰라서 틀린 취

급을 받는다고 억울해하지 말자. 아는 문제를 왜 틀렸는지, 이런 실수를 어떻게 줄일지에 대한 치열한 고민이 모든 것을 바꿔놓는다.

알면서 틀리는 것에는 몇 가지 원인이 있다. 수학 과목을 예로 들어보자. 계산 실수, 문제를 잘못 이해한 경우, 조건을 확인하지 않은 경우 등등이 있을 것이다. 계산 실수도 여러 가지 유형이 있다. 이항하면서 부호를 바꾸지 않거나, 분배법칙을 쓰다가 중간에 놓치거나, 사칙연산을 잘못하거나, 자기가 써놓은 글씨를 못 알아보거나 등등 그 유형은 다양하다.

오답 유형을 분석하라

왜 틀렸는지 원인을 아는 것은 중요하다. 자기 행동의 패턴을 분석하고 문제점이 어디에 있는지 확인하는 것은 행동 교정을 위한 가장 빠르고 효과적인 방법이다.

내게 수업을 듣던 학생 중에 계산 실수 때문에 여러 번 지적을 받은 학생이 있었다. 그런데 아무리 해도 고쳐지지 않아서 매일 푼 문제 중 틀린 문제의 유형을 기록하게 하고 이것을 표로 만들어보았다. 이렇게 만든 '오답 분석표'로 계산 실수가 얼마나 많은 비중을 차지하는지를 확인시켜주니 그 효과는 확실했다. 막연히 계산 실수가 많다고 잔소리를 듣는 것과 눈에 보이는 수치로 직접 확인하는 것은 사뭇 달랐다.

그 학생의 경우 2주 동안 푼 문제 중 틀린 문제가 130개였는데, 그중 계산 실수로 틀린 문제가 무려 85개였다. 비율로 따지면 틀린 문제 중 실수가 65.4퍼센트나 된 것이다. 그 문제만 맞혔더라면 시험 점수가 30점은 올라갔을 것이다. 그 학생의 얼굴이 벌게졌다 파래졌다 급기야 시커메졌다. 별것 아닌 것처럼 넘어갔던 계산 실수가 자기 발목을 이렇게 잡고 있을 줄 몰랐다는 후회가 뒤따랐다.

그날 이후 그 학생의 숙제 상태는 말할 수 없이 좋아졌다. 일단 틀린 문제 수가 반으로 줄었고, 모의고사 점수도 크게 올랐다. 숙제하는 동안 집중력이 평소보다 훨씬 높아졌고, 실제 시험에서 계산 실수로 틀린 문제는 하나도 없었다. 실수가 줄었더니 시험 점수는 24점이나 올랐다.

오답 유형 분석표를 만들자

다음 표는 다른 학생의 오답 분석표이다.

오답을 크게 QUESTION(질문오답)과 MISTAKE(실수오답)으로 구분하고, 각 경우마다 세부적으로 오답 유형을 구분했다. 이런 오답 유형 분석표를 바탕으로 시급하게 고쳐야 하는 부분을 파악할 수 있고, 해결책을 바로 처방할 수 있다.

[그림 5-7] 오답 분석표

구분	코드	오답 유형	개수	백분율
QUESTION	Q1	기본 개념을 알지 못해서	10	20.0
	Q2	공식을 기억하지 못해서	2	4.0
	Q3	문제 해결방안을 찾지 못해서	4	8.0
		소계	16	32.0
MISTAKE	M1	계산 실수	20	40.0
	M2	문제를 잘 못 읽어서	4	8.0
	M3	문제의 조건을 확인하지 않아서	10	20.0
		소계	34	68.0
		합계	50	100.0

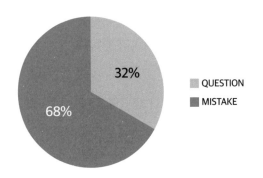

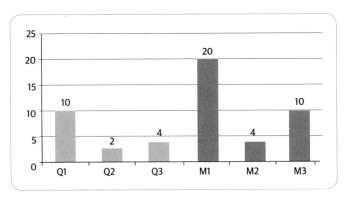

이 학생의 오답 유형을 좀 더 자세히 분석해보자. 첫째, 이 학생은 틀린 문제 50개 중 실수로 틀린 문제가 34개였다. 몰라서 틀리는 것보다 알면서도 틀리는 문제가 많다. 실수 중에서도 M1 유형이 가장 많다. M1 유형은 계산 실수다. 이 학생의 문제풀이 과정은 아마 글씨가 엉망일 가능성이 크고, 풀이 과정이 깨끗하게 정리되어 있지 않을 것이다. 보통 계산 실수가 많은 학생은 성격이 급하거나 문제를 건성으로 푼 경우가 많다. 이 경우도 그럴 가능성이 크다.

문제를 시간에 쫓겨서 풀거나 성급하게 해결하려는 경향이 보인다. 시간에 쫓겨서 문제를 푸는 것이 습관화되었다는 것은, 학교나 학원 가기 직전에 급하게 숙제를 해치우는 습관이 있다는 뜻이다.

따라서 이 학생에게는 시간을 짜임새 있게 운용할 수 있도록 시간 관리 방법을 알려줘야 한다. 저학년일수록 시간 관리를 잘 못한다. 수학 학원 다녀온 날 밤에 영어 학원 숙제를 하고, 영어 학원 다녀온 날 밤에 수학 숙제를 한다. 하루씩 밀리는 것이다. 그러다 보면 매일 쫓기는 기분을 느끼면서 공부할 수밖에 없다. 공부하는 것이 즐겁지 않고 괴롭다.

시간을 잘 관리해서 공부할 시간을 확보하면 자기가 공부를 주도하고 있다는 기분을 느낄 수 있고, 여유 있게 공부를 하다 보면 실수도 줄어들고 오답도 줄어 더 큰 성취감을 느낄 수 있다. 시간을 잘 관리하는 것은 생각보다 훨씬 큰 효과를 거둘 수 있는 방법이다.

또 이 학생은 질문 오답 중 Q1, 즉 기본 개념을 알지 못해 틀리는 문제가 많다. 이는 개념 공부가 부족하다는 것을 뜻한다. 반드시 개념 공부가 더 이루어져야 한다. 그렇다고 해서 수업을 더 들어야 한다는 뜻은 아니다. 선생님께 아무리 설명을 잘 들었어도 아이가 스스로 내용을 정리하지 못하면 결국 부족한 상태로 남게 된다. 예를 들어 방정식을 배웠다면 방정식이 무엇인지, 방정식을 푼다는 것은 무엇을 의미하는지, 방정식은 어떤 성질을 이용해 해결하는지 등을 꼼꼼하게 정리해둬야 한다.

셋째, 이 학생의 실수 오답 중 가장 많은 실수는 계산 실수고 두 번째가 조건을 확인하지 않은 실수다. 문제를 외워서 풀거나 건성건성 읽는 학생일 가능성이 크다. 급하게 푸는 습관 때문일 수도 있다. 한정된 시간 내에 숙제를 빨리빨리 해내기 위해 문제를 건성으로 읽고 푸는 게 습관이 되어 조건을 꼼꼼히 확인하지 않고 풀었던 문제랑 비슷하다는 생각이 들면 그냥 전에 풀었던 방법대로 풀고 답을 적어버리고 마는 것이다.

이럴 때는 의식적으로 조건을 확인하는 연습을 해야 한다. 돌다리도 두들긴다는 심정으로 모든 문제에 대해 이 답이 문제의 의도에 맞는지 확인해야 한다.

오답 분석표 만들기 3단계

1단계 : 오답 코드 표시하기

분석표를 만들기 위해서는 먼저 내가 틀린 문제들의 원인을 파악해야 한다. 위에 만들어둔 표를 사용해도 된다. 어쨌든 자신만의 오답 유형을 만들어보고, 오답이 있을 때마다 바로바로 체크해두자.

틀린 모든 문제 옆에 틀린 유형을 메모해둔다. 나는 이런 이니셜을 특별히 '오답 코드'라고 부른다. 몇 개 되지 않으니 몇 번만 해보면 자연스럽게 외울 수 있다. 대략 한 달에 한 번 오답 코드를 정리해보자.

2단계 : 오답 분석표 만들기

각 오답 코드마다 몇 문제씩 틀렸는지 확인이 되었으면 백분율로 바꿔보자. 그러면 내가 어떤 유형의 오답이 많은지 좀 더 쉽게 찾아볼 수 있게 된다. 가능하다면 그래프도 그려보자.

〈QM차트 오답 분석표〉
엑셀 파일 다운로드

3단계 : 분석하기

오답 분석표를 다 만들었으면 가만히 들여다보자. 어떤 유형의 오답이 많은지 살펴보는 것이다. 내가 부족한 부분이 찾아지면 그 부분을 메우면 된다. 가령 Q1처럼 기본 개념을 잘 익히지 못해서 틀리는 문제가 많은 학생은 개념 공부를 좀 더 탄탄하게 해보도록 하자. 각종 용어의 정의를 좀 더 정확하게 외워본다든가, 공식을 확실하게 암기하는 것이다. M3처럼 문제의 조건을 미처 확인하지 못해서 틀리는 문제가 많다면 문제에서 어떤 조건이 주어지고 있는지 좀 더 꼼꼼하게 살펴보도록 하자.

자기조절학습 성공을 위한
스터디 플래너 활용법

●

●

●

　정말 많은 학생들이 자신의 꿈을 이루기 위해 오늘도 노력하고 있다. 하지만 안타깝게도 그 노력이 전부 좋은 결과로 연결되지는 않는다. 그저 묵묵히, 열심히 공부만 한다고 해서 성적이 오르는 것은 아니다. 전략적으로 판단하고 계획하고 점검하는 과정이 없다면 공허한 노력이 돼버릴 수도 있다. 많은 학생이 이 과정을 무시한 채로 그저 선생님이 시키는 대로 끌려간다. 오늘도 많은 학생이 '가짜 공부'를 하면서 내일은 더 좋아질 것이라고 막연히 믿는다.

　'진짜 공부'는 스스로 하는 공부다. 선생님의 수업을 듣고, 그것을 내 것으로 만들어가는 과정이 필요하다. 문제를 많이 풀어보는 것보다 더 중요한 것은 풀리지 않는 문제가 왜 풀리지 않는지 그 이유를 곰곰이 생각해보고 이 문제가 어떤 개념을 묻고 있는지, 어떻게 하면 이 문제를 풀 수 있을지 스스로 생각해보는 것이다. 상위 0.1퍼센트의 아이들은 이러한 공부의 비밀을 실천하고 있다. 이 작은 생각과 실천의 차이가 성적의 차이를 만든다.

공부를 잘하기 위해서는 '메타인지 능력'이 필요하다. 메타인지 능력은 '아는 것과 모르는 것을 구분하는 능력'으로, 지금 내가 공부하는 것을 잘 알고 넘어가는지 그렇지 않은지를 정확하게 구분해낼 수 있는 능력이다. 이러한 능력은 학습 전략을 세우는 데 반영된다. 내가 공부해야 할 분량을 몇 시간 공부하면 목표를 달성할 수 있는지, 어떤 방법으로 공부하는 것이 가장 효과적인지 정확한 계획을 세울 수 있어야 한다.

뿐만 아니라 그렇게 계획을 하나하나 실행해나가면서 문제는 없는지, 이대로 계속하면 계획대로 목표 달성을 할 수 있는지 스스로 점검할 수 있어야 한다. 혹시 계획에 이상이 있을 것으로 예상된다면 그 즉시 공부하는 방법을 바꾸거나 공부 시간을 늘리는 등 계획을 수정해야 한다.

이런 메타인지 능력은 '진짜 공부'를 할 때 필수적인 능력이다. 그러나 우리는 이 메타인지 능력의 중요성도 모르지만 이 능력을 키우는 법도 모르는 것이 사실이다. 다행히 이 메타인지 능력을 높이는 방법이 있다. 바로 자신의 메타인지를 계속해서 모니터링하는 것인데, 이때 가장 효과적인 방법 중 하나가 바로 '스터디 플래너'를 활용하는 것이다.

스터디 플래너를 쓰는 것은 수많은 연구에서 학습에 긍정적인 영향을 미치는 것으로 보고되고 있다. 플래너를 활용하는 것은 비단 공부뿐만 아니라 어른이 되어서 사회생활을 할 때에도 매우 중요한 도구가 된다. 인간의 기억 시스템은 상당히 취약해서 모든 것을 기억하기는 불가능하기 때문이다.

어떤 형태의 스터디 플래너를 사용하든 학습에 긍정적인 영향을 미치는 것은 확실하다. 스터디 플래너는 학습의 시작이자 마무리이며, 자기반성의 계기이자 자기 성찰, 학습 능력 성찰의 기회가 되고, 글쓰기 능력이 높아지며 사고력도 향상되는 방법이다. 자기주도학습 능력을 끌어올려주고, 이런 경험이 쌓이면 학습에 자신감을 갖게 된다.

이쯤 되면 스터디 플래너는 만병통치약처럼 보이기도 한다. 그러나 스터디 플래너를 쓴다고 해서 모두가 다 성적이 오르는 건 아니다. 물론 전혀 사용하지 않을 때보다는 오르긴 한다. 스터디 플래너의 효과를 모두 얻기 위해서는 어떻게, 얼마나 잘 사용하는지가 중요하다.

그래서 여기에서는 자기조절학습을 위해 스터디 플래너를 현명하게 활용하는 방법을 설명해볼 것이다.

내가 생각하는 내 모습 적어보기

물론 빈 노트를 스터디 플래너로 사용해도 상관없다. 중요한 건 안에 있는 내용이다. 그러나 내용을 기획하고 양식을 만드느라 시간을 허비할 수 있으니 되도록 콘셉트가 분명한 스터디 플래너를 쓰는 것이 좋다. 스터디 플래너의 기본 골격이자 가장 많은 분량을 차지하는 건 물론 월별/주간/일별 계획이다. 그런데 나는 그 외 다른 부분도 중요하다고 강조하고 싶다.

예를 들어 '내가 생각하는 현재 나의 모습'을 글로 적어보는 것은 생각보다 큰 효과를 발휘한다. 나에 대해 알아야만 내가 해낼 수 있는 계획을 세울 수 있다. 예를 들어 외향적인 학생은 혼자서 조용히 공부하는 '독서실에서 공부하기'라는 계획은 맞지 않을 것이다. 그런 학생은 학원에 가서 선생님, 친구들과 소통하며 공부하거나 스터디 모임을 만드는 것이 더 효과적이다. 반대로 내향적인 학생이라면 어떨까? 친구들이 와글와글 가득한 학원에서는 오히려 스트레스를 받을 수 있다. 이런 학생은 조용하고 아늑한 집이나 독서실에서 공부하는 것이 더 효과적이다.

'나는 어떤 환경에서 공부를 하는 걸 좋아할까?' '나는 스트레스를 어떻게 해소할까?' 등에 대해 생각해보고, "나는 조용한 곳에서 공부가 잘 된다" "수학 과목을 제일 잘한다" "끈기가 있어 모르는 문제를 끝까지 푼다" "매운 걸 먹으면 스트레스가 풀린다" 등등 그 내용을 적어보자. 그리고 이 중 '좋아하는 나의 모습'과 '변하고 싶은 나의 모습'을 구분해 적어본다.

단기 목표부터 차근차근

장기적인 목표를 이루기 위해서는 작은 계획부터 세우고 그 계획을 이루며 차근차근 나아가는 과정이 필요하다. 이것은 자기조절학습의 핵심이기도 하다. 자기조절학습에서 중요한 것이 바로 작은 계획을 스스로 세우고 실천하며 성취감을 얻는 과정이기 때문이다.

단기 목표에 '주간 단어 시험에서 100점 맞기'라고 적었다고 하자. 이 단기 목표를 이루기 위해서는 무엇을 해야 할까? 먼저 시험 범위와 일정을 알아야 한다. 그리고 그 목표를 이루기 위

[그림 5-8] 스터디 플래너 : 단기 계획

단기 목표	주간 단어 시험에서 100점 맞기	완료 날짜	2월 11일

시험 범위 - 영어 교과서 10p~20p

시험 날짜 - 매주 목요일 시험

→ 하루에 두 페이지씩 외우기, 모르는 단어 10번씩 쓰기

출처 : 이룸 스터디 플래너

해 내가 무엇을 해야 할지 생각해 적어본다. [그림 5-8]을 보면 참고가 될 것이다.

나의 하루 분석과 데일리 플랜

내가 하루 24시간을 어떻게 사용하는지 생각해보자. 내가 쓰는 시간을 잘 알고 계획을 세우면 시간을 낭비하지 않고 쓰는 데 도움이 된다. 몇 시에 일어나고 몇 시에 자는지, 언제 밥을 먹는지, 언제 집중이 잘 되고 언제 휴식이 필요한지를 파악하는 과정이다. 단, 여기서 주의할 점은 남들에게 보이고 싶은 하루가 아니라 내가 진짜 살고 있는 하루를 적어야 한다는 점이다. 그래야만 정확히 나의 하루 중 빈틈을 찾아낼 수 있다. 아깝게 흘려보내는 시간들을 발견하고 그 시간을 잘 활용할 수 있는 계획을 세워보는 부분이다.([그림 5-9] 참조)

스터디 플래너를 고를 때 중요한 것은 매일의 계획을 적는 공간이 충분한지 여부다. 나는 되도록 하루에 두 페이지로 구성돼 있는 것을 권장한다. 이를테면 왼쪽 페이지에는 타임테이블이 나오고, 오른쪽 페이지에는 누적복습을 위한 그날 공부한 내용 중 중요한 것을 메모할 수 있게 된 것이다.([그림 5-10] 참조)

매일 시간대별로 계획을 세우고, 실제로 실행한 것들을 기록하고, 그 둘을 비교하면서 메타인지 능력이 향상된다. 그리

[그림 5-9] 스터디 플래너 : 나의 시간 분석

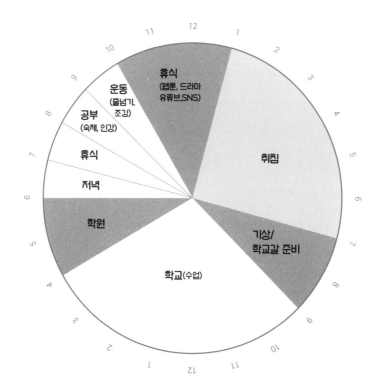

여러분의 하루 중 낭비되는 시간은 언제인가요?

7~8시, 저녁 먹고 나서

그 시간을 어떤 시간으로 바꾸고 싶나요?

독서 시간

출처 : 이룸 스터디 플래너

고 앞에서 설명했던 누적복습 실행을 위해 매일 공부한 내용 중 가장 중요한 부분을 요약해 적어놓는 것도 중요하다. 그리고 이 내용을 언제 복습할 것인지도 체크해두면 좋다. 이를테면 내용을 누적복습 공식에 따르면 오늘 배운 내용을 1일 뒤, 3일 뒤, 7일 뒤, 15일 뒤에 복습해야 하므로 해당 날짜를 체크하고, 해당 날짜 페이지로 가서도 체크해 두는 식이다. 이렇게 회차를 체크해두면 해당 내용을 몇 번이나 복습했는지 확인할 수 있다.([그림 5-10] 참조)

하루 15분의 마법

아이비 리(Ivy Lee)라는 사람은 록펠러, 모건, 카네기, 듀폰과 같은 쟁쟁한 거물들을 주요 고객으로 삼고 있던 경영 컨설턴트였다. 어느 날 38세에 100만 달러의 연봉을 받아 세계적으로 유명한 경영인이 된 찰스 슈왑이 "더 나은 행동 방법을 알려주시오. 내가 아는 것들의 반만이라도 실천하게 해줄 수 있다면 돈이 얼마가 되든 지불하겠소."라고 그에게 상담을 요청했다.

아이비 리는 다음과 같이 답했다고 한다.

"지금부터 15분 동안 그 답을 알려드리겠습니다. 하루를 마무리하기 전 매일 10분씩 그날 한 일을 생각해보십시오. 그리고

[그림 5-10] 스터디 플래너 : 데일리 플랜

"꿈을 이루기 위한 기록들"

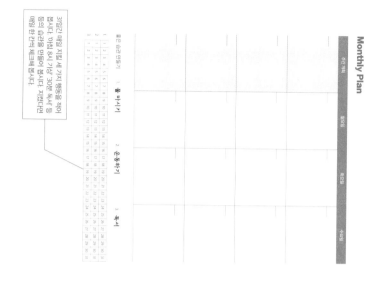

출처 : 이룸 스터디 플래너

자신에게 물어보십시오. 오늘 내가 잊어버리거나, 소홀히 하거나, 실수한 일은 무엇일까? 앞으로 그런 잘못을 예방하려면 어떻게 해야 할까? 오늘 일을 개선하는 방법은 무엇일까? 그런 다음 메모지에 '내일 꼭 해야 할 일 6가지'를 쓰십시오.

중요한 순서대로 번호를 매기세요. 그 종이를 주머니에 넣고, 다음 날 아침 제일 먼저 1번을 읽은 다음 행동으로 옮기십시오. 1번 일이 끝날 때까지 시간이 날 때마다 계속 메모지를 쳐다보십시오. 1번 일이 끝나면 2번으로 넘어갑니다. 이렇게 하나하나 번호를 지워가면서 마지막 번호까지 이동하십시오.

2번이나 3번까지밖에 못 끝내더라도 신경 쓰지 마십시오. 1번을 해내느라 하루가 다 가더라도 상관없습니다. 가장 중요한 일을 하는 것이니까요. 다른 일들은 미뤄도 됩니다. 이 방법으로 일을 끝낼 수 없다면 다른 방법으로도 끝낼 수 없습니다. 이것을 실천하지 못하면 어떤 일이 가장 중요한지 결정조차 못할 수도 있습니다.

내일 할 일을 결정할 때 오늘 끝내지 못한 일들을 먼저 적으세요. 매일 저녁에 15분만 할애해서 '내일 꼭 해야 할 일'을 결정하세요. 시간이 얼마가 걸리든 이 방법을 시험해보시고, 그 후 이 방법이 효과적이었다고 생각하신 만큼 수표로 보내주십시오."

석 달 뒤 슈왑은 리를 불러 "이 방법은 내 평생 배운 것 중에서 가장 실용적인 방법이었습니다."라고 하면서 2만5,000달러짜리 수표를 써줬다. 실제로 그는 이 방법을 통해 아홉 달을 미뤘던 전화를 걸어 200만 달러어치의 철재 주문을 받아냈다. 그 유명한 '아이비 리와 찰스 슈왑의 2만 5,000달러짜리 메모' 이야기다.

이런 습관은 메타인지 능력을 높여주고, 자기조절학습의 효과를 자연스럽게 극대화시켜주는 지름길이라고 할 수 있다. 그리고 한 가지 더, 오늘 평가와 더불어 기분도 기록해두면 좋다. 오늘 하루를 되돌아보고, 일주일에 한 번씩 그 하루들을 돌이켜보는 습관을 들이면 무조건 인생이 달라진다. 단번에 바뀐다는 뜻이 아니다. 이런 습관은 가뭄이 들어 마른 땅에 가끔 내리는 단비 같은 것에 가깝다. 비가 내리면 땅이 살짝 촉촉하게 젖겠지만, 가끔 내리는 소나기가 가뭄을 해결해주지는 않는다. 그런데 일주일에 한 번 이런 소나기가 내리다 보면 어느새 가뭄이 해결된다. 인생도 마찬가지다.

이 장은 아이를 지도하고 관리해야 하는 부모와 교사를 위한 특별 가이드를 담았다. 자기조절학습을 잘할 수 있는 가장 핵심적인 부분은 '학습 심리'와 관련된 것이다. 아이들이 기껍게 학습에 돌입하고, 즐겁게 학습하며, 효과적으로 자신의 학습을 평가할 수 있도록 하는 것은 '마음'이다. 아이의 마음을 학업 성취에 가장 적합하게 세팅하는 것. 바로 어른의 몫이라는 사실을 명심하자.

부모와 교사를 위한
자기조절학습 가이드

작은 승리의 경험,
가재 효과를 노려라

●

●

●

진화심리학에 가재 효과라는 것이 있다. 수컷 가재가 한 마리 이상 모이면 우두머리를 결정짓지 않고는 같은 영역 안에 살기 어렵다. 가재들은 서로를 조심스럽게 탐색하다가 치열한 전투를 벌이는데, 싸움에서 이긴 가재는 우두머리가 되고 패자들은 구석으로 도망친다.

그런데 이 전투 이후의 승자 가재와 패자 가재의 행동은 매우 달랐다. 승자 가재는 계속해서 공격적인 태세를 유지했고, 패자 가재는 움츠러들어 혹시라도 승자 가재와 부딪힐까봐 두려워하는 것처럼 보였다. 한번 승리한 가재는 더 강하고 껍질은 더 단단해졌으며 또 다른 전투에 임해서도 뚜렷한 공격성을 보이고 고통을 견디는 임계점도 더 높아 보였다. 당연히 다음

전투에 이길 확률도 높았다.

승리한 가재에게는 남성호르몬으로 알려진 테스토스테론이라는 호르몬이 분비된 것이 후에 밝혀졌다. 테스토스테론은 공격적 성향을 담당하는데, 이 테스토스테론이 증가하면 동기부여를 담당하는 남성호르몬 수용체, 그리고 쾌락을 느끼게 하는 도파민도 함께 증가한다고 한다. 승리 후 가재는 싸움에 이기기 좋은 상태로 세팅된 것이다. 싸움의 결과가 몸에 기록되어 뇌를 재조정함으로써 동일한 연료를 투입하고서도 보다 강력한 힘을 발휘하는 터보 엔진을 장착한 자동차처럼 움직이게 하는 셈이다. 승리의 진정한 효과다.

공부에도 이런 승자 효과가 반드시 필요하다. 승리의 경험은 아이의 자기효능감을 상승시키는 가장 중요한 열쇠다. 큰 승리를 말하는 것이 아니다. 작은 성공, 작은 승리의 경험을 쌓아야 한다는 말이다. 정해진 시간에 일어나기, 정해진 분량을 정해진 시간 안에 끝마치기, 지난 시험보다 딱 한 문제 더 맞히기 등 정말 '사소한' 성공의 경험이 얼마나 놀라운 효과를 가져오는지 모른다.

자기결정을 유도하면 성공 확률이 높아진다

그런데 주의할 것이 있다. 이 성공은 '자기 결정으로 얻은' 성공이어야 한다. 인간에게는 자기결정성 욕구라는 것이 있는데, 이 욕구를 박탈당하면 인간은 상처를 받는다.

예를 들어보자. 친구와 냉면을 먹으러 갔는데, 물어보지도 않고 친구가 물냉면을 시킨다. 그러고 나서 한마디 덧붙인다. "물냉면 먹을 거지? 항상 물냉면 먹었잖아." 기분이 확 나빠진다. 설령 정말로 물냉면을 먹을 생각이었어도 불쾌한 기분이 가시지 않는다.

공부할 때도 마찬가지다. "왜 아직도 공부 안 하니?"라는 잔소리를 들으면 "아, 지금 하려고 했다고!" 하면서 화를 내는 장면은 너무나 익숙하다. 정말 지금 하려고 했는데, 하라는 얘기를 듣는 순간 하기 싫어진다.

그래서 나는 학부모들에게 아이의 자기결정을 유도하라고 조언하곤 한다. 예를 들어 가끔은 "공부해."가 아니라 "오늘은 자고 내일 하렴." 혹은 "안 하면 어떠니. 그냥 더 놀아."라고 말해보는 것이다. 물론 매번은 아니더라도 분명 효과가 있다. 스스로 '아니, 해야 할 것 같은데' '해야지' 하는 생각을 하게 하고, 실제로 움직이게 하는 것이다.

작은 성공을 끌어내는 '5초의 법칙'

앞서 말했듯 작은 성공의 반복은 자기효능감을 높여주는 가장 좋은 방법이다. 이 작은 성공을 끌어내는 아주 유용한 법칙이 있다. 바로 '5초의 법칙'이다. 바로 어떤 일을 시작할 때 5부터 카운트다운하는 것이다.

"5, 4, 3, 2, 1, Go!"

따뜻한 이불 속에서 단숨에 일어나기란 쉬운 일이 아니다. 알람을 끄고 다시 이불 속에서 꾸물거리다가 다시 잠이 들기도 하고, 그러다가 한참 늦은 시간에 허둥지둥 일어나본 경험은 누구나 있을 것이다. 건강을 위해 운동을 하기로 계획을 세웠는데, 나가야 할 시간이 되면 가지 말아야 할 백 가지 이유가 떠오른다. 이럴 때 도움이 되는 것이 바로 5초의 법칙이다. 알람이 울리면, 속으로 "5, 4, 3, 2, 1, Go!"를 세고 벌떡 일어나보자.

뇌에 변명거리를 생각할 시간을 주지 말고 먼저 움직이라는 뜻이다. 시작을 준비하지 말고, 준비되기 전에 시작하라는 이 법칙은 뇌과학적으로 합리적인 근거가 있다. 누구에게나 해야 하지만 하기 싫은 일이 있다. 대부분 목록으로 만들 수 있을 정도일 것이다. 이런 일을 하는 데 최고의 방법론이 바로 5초의 법칙이다.

동기부여 전문가인 멜 로빈스(Mel Robbins)가 TED 첫 번째 강연에서 한 이 이야기는 단숨에 전 세계 수천만 명의 마음을 사로잡았다고 한다. 별것 아닌 것 같은 이 '시작 의식'은 뇌에 새로운 행동 패턴을 새긴다. 걱정하고 망설이고 두려워하는 관성적인 반응 대신 본능적으로 용기 있게 행동하는 사람으로 변

화하게 해주는 이 법칙은 당연히 아이들의 공부에도 큰 도움이
된다.

아이가 공부를 못하는 원인이 혹시 '실행'을 어려워하기 때
문은 아닐까? 계획은 누구보다 멋지게 세우는데, 그 계획을 실
행할 의지력이 부족한 것처럼 보이는가? 바로 이럴 때 아이에
게 5초의 법칙을 가르쳐주자. "왜 공부를 안 하니? 지금 당장
해!"라고 잔소리를 해서 아이에게 '하지 말아야 할 이유'를 잔
뜩 주는 대신, 스스로 카운트다운을 해서 움직일 수 있는 힘을
주는 것이다.

노력 귀인 그리고 바람직한 스트레스

●

●

●

세계적인 화가 파블로 피카소에게는 파울로라는 아들이 있었다. 파울로 역시 미술에 재능이 있었지만, 아버지의 너무나 대단한 성공 앞에서 모든 의욕을 상실했다. 아버지 피카소는 파울로에게 어렸을 때는 애정을 주었지만, 청소년기가 되면서부터는 아들을 못마땅하며 경멸했다고 한다. 결국 파울로는 평생 알코올에 의존해 살다가 결국 스스로 극단적 선택을 해 삶을 마감했다.

내가 자랐던 동네에 한 형제가 있었다. 둘 다 공부를 잘했다. 그런데 형은 소위 '전국에서 노는' 학생이었고, 동생은 전교 10등 안에 드는 '나름(?) 공부 잘하는' 학생이었다. 그런데 동생은 항상 주눅이 들어 있었다. 반에서 1등은 도맡아 하는데도

'대단한 형' 때문에 부모님에게 칭찬 한번 받지 못했고 자기효능감은 바닥이었다. 결국 성적이 점점 내려가더니 대학 진학도 실패하고 말았다. 성인이 된 후에도 잘나가는 형 때문에 기 한 번 펴지 못하고 결국 비뚤어진 성격에 집안의 골칫거리가 되고 말았다.

뛰어난 핏줄을 이어받았으면 성공은 더 쉬워야 하는 것 아닐까? 왜 이런 안타까운 결과가 벌어진 것일까? 자기효능감은 이토록 쉬우면서도 어렵다. 다른 사람들이 충분히 인정하는 성과도 자신이 세운 기준에 미치지 못하면 패배감을 느낀다. 반면 다른 사람들의 인정 여부와 관계없이 자신이 세운 기준을 충족하면 충만한 자기효능감을 맛볼 수 있다.

목표와 골디락스 효과

연구에 따르면, 뛰어난 부모나 가족이 있을수록 기대치에 못 미칠 때의 스트레스가 매우 치명적이어서 잠재력을 발달시키는 데 오히려 해가 된다고 한다. 특히 본인이 원하던 것을 대부분 성취한 사람, 즉 승자는 대체로 골디락스처럼 너무 뜨겁지도 않고 너무 차갑지도 않은, 즉 적절한 상태를 좋아하는 사람들임이 밝혀졌다. 자기 능력에 맞는 적절한 수준의 도전적 목표, 즉 쉽지는 않지만 달성할 수 있는 목표를 설정할 줄 아는 능력을 지니고 있었던 것이다.

그런데 대단한 성공을 거둔 부모의 자식들은 대체로 적절한 수준의 목표를 설정하는 것을 무척 어려워한다. 부모 혹은 가족이 이룬 어마어마한 업적과 비교해 사소하게 보이지 않을 어떤 것을 목표로 삼아야 한다고 생각하기 때문이다. 그 일을 해내는 건 당연히 거의 불가능하기 때문에 이들은 자기효능감은커녕 자학에 빠질 확률이 높다.

작은 성공을 유도하는 노력 귀인

아이에게 작은 성공을 하도록 유도했다면, 폭풍 칭찬을 해줘야 한다. '시도하지 않음-질책-학습된 무기력'의 악순환이 아니라 '시도-성공-보상-다시 시도'로 이루어지는 선순환에 진입하기 위한 두 번째 핵심이다.

이때 주의할 점이 있다. 바로 능력 말고 '노력'을 칭찬해야 한다는 점이다. 흔히 부모가 아이에게 쉽게 하는 실수 중 하나가 칭찬할 때 '똑똑하다'고 말하는 것이다. 아이의 잠재력을 키워주려면 어떤 성과를 이루기 위해 그 아이가 얼마나 끈기 있게 노력했고 창의성을 발휘했는지를 말해줘야 더 효과적이다. 그렇지 않고 '똑똑하다'고만 할 경우 '난 똑똑하니 남보다 더 노력하지 않아도 돼' '난 똑똑하니까 항상 1등을 해야 해' 같은 잘못된 사고의 흐름이 만들어질 수 있다.

귀인 이론에서 귀인(歸因)은 행동이나 결과의 원인을 추론한다는 뜻이다. 노력 귀인은 그 사람의 노력에 그 원인을 찾는 것이고, 능력 귀인은 사람의 능력에서 원인을 찾는 것이다. 능력은 고정돼 있는 것이기 때문에 능력 귀인을 하게 되면 많은 사람들이 쉽게 포기할 수밖에 없다. 그래서 '수포자'가 생기는 것이다. 반면 노력 귀인을 하게 되면 설령 실패했더라도 다음에 다시 하면 된다는 희망을 가지게 된다.

몇 가지 실험 결과를 살펴보자.

아이들에게 단어 카드를 주고 외우라고 시켰다. 그리고 아이들이 답을 적기 시작하자 A 집단에게는 "너 정말 머리가 좋구나."라고 능력 귀인을 유도하는 칭찬을 하고, B 집단에게는 "노력을 잘했네. 끈기가 있구나."라고 노력 귀인을 유도하는 칭찬을 했다. 그런 후 선생님은 "잠깐 전화 좀 받고 올게."라며 해답지를 아이 눈에 보이는 곳에 두고 나갔다. 선생님이 나간 뒤 A 집단의 아이와 B 집단의 아이는 어떤 행동을 했을까?

A 집단의 아이는 컨닝을 했다. 능력을 칭찬했기 때문에 평판을 유지하려면 더 많은 답을 맞혀야 하기 때문이다. 반면 B 집단의 아이들은 답을 볼 수 있는 상황이었지만 계속 혼자서 문제를 풀려고 노력했다.

이어지는 실험에서, 능력 귀인 칭찬을 한 A 집단과 노력 귀인 칭찬을 한 B 집단 아이들에게 어려운 과제와 쉬운 과제 중 선택해서 문제를 풀도록 했다.

A 집단 아이들은 쉬운 문제를 골랐다. 문제를 잘 풀지 못하면 자신의 평판이 무너질 수 있으니 평판을 유지할 수 있는 쉬운 방법을 택한 것이다. 반면 B 집단 아이들은 자신의 노력에 대한 믿음이 있으니 좀 더 도전적으로 어려운 문제를 고르는 확률이 높았다.

우리 아이들이 둘 중 어떤 아이가 되어야 하는지는 자명하다. 어떤 도전도 두려워하지 않는 자세는 자신의 능력에 대한 자신감이 아니라 '될 때까지 노력할 수 있는 근성'에 대한 자신감에 기인하기 때문이다. 작은 성공을 지속할 수 있게 하기 위해서도 마찬가지다. '오늘 정해진 분량을 다 끝내다니 대단해'라고 칭찬하는 것이, 내일도, 모레도 노력할 수 있는 보상이 된다.

작은 성공을 거두어본 사람일수록 더 큰 성공을 거둘 가능성이 높다. 많이 이겨본 사람이 잘 이기며, 성공도 성공을 해본 사람이 한다는 점을 명심하자. 아이에게 어떤 작은 성공을 하도록 유도할 것인지를 진지하게 고민해야 한다.

바람직한 스트레스

흔히 스트레스는 만병의 근원이라며 부정적인 것으로 인식된다. 그러나 스트레스가 항상 나쁜 것은 아니다. 사실 스트레스는 흥분, 긴장 등과 신경생물학적으로 같은 것이다. 소풍 전날의 흥분, 신나는 놀이기구를 타기 전의 긴장도 스트레스의 일종이다.

중요한 것은 스트레스를 어떻게 바라보느냐지 스트레스 자체가 아니라는 뜻이다. 한 가지 사례를 들어보자.

호텔 침대를 정리하는 사람의 운동량은 웬만한 근력운동을 하는 사람의 것과 비슷하다고 한다. 그런데 이들에게 운동 효과가 눈에 띄게 나타나지는 않는다. 그래서 같은 일을 하는 직원들 중 절반에게 이런 운동 효과에 대해 알려주었더니 그 이야기를 들은 직원들에게 운동 효과가 나타나기 시작했다. 같은 종류, 같은 강도의 일을 하면서도 그 효과를 알고 있는 사람과 모르는 사람의 결과가 다르게 나타난 것이다.

스트레스도 같다. 그 효과를 알고, 스트레스를 잘 컨트롤하면

[그림 6-1] 수행 능력과 스트레스의 관계

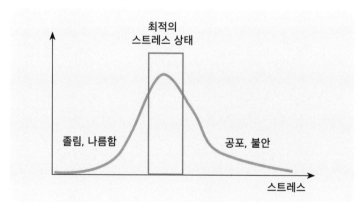

더 좋은 결과를 얻을 수 있다. 공부도 그렇다. 스트레스가 아예 없는 것은 스트레스가 아주 많은 상태와 마찬가지로 학업 성취도에 부정적인 영향을 주고, 적당한 스트레스가 있는 것이 학업 성취도에 훨씬 긍정적인 영향을 미치는 것으로 나타났다.

공부 스트레스는 성취 압력으로 표현할 수도 있다. 성취 압력이란 쉽게 말해 아이에게 좋은 성적을 받으라고 압박하는 것이다. 성취 압력 역시 너무 낮으면 학업 성취에 도움이 안 되고 너무 높으면 아이의 의욕을 떨어뜨린다. 적당한 성취 압력이 중요한 이유다.

"네 공부는 네가 알아서 해."라는 식의 태도는 아이의 성적에 전혀 도움이 되지 않는다. 부모와 교사가 적당한 성취 압력과 함께 적절한 가이드를 주어야 한다. 이것이 자기조절학습의 핵심이기도 하다.

오래 공부하지 못하는
아이들

●

●

●

하고 싶은 것을 참고, 하기 싫지만 해야 하는 일을 열심히 하는 사람을 보고 흔히 '의지력이 강하다'고 한다. 의지력은 참을성, 인내력, 정신력 등으로 바꿔 말할 수 있는데, 심리학에서는 이를 '자기통제(Self control)'라고 한다. 자기통제는 자신의 감성, 생각, 행동을 통제하는 능력을 말한다. 자기조절학습에서 반드시 필요한 능력 중 하나다.

예를 들어 저녁에 평소 즐겨 보던 재미있는 텔레비전 프로그램을 보는 것을 참고, 친구들과 어울려 즐거운 시간을 보낼 수 있는 약속을 마다하고 자신의 미래를 위해 열심히 공부할 수 있는 능력이 바로 자기통제력이다.

하지만 수많은 유혹을 물리치고 목표를 향해 꾸준히 노력하는 것은 어려운 일이다. 그렇기에 공부를 잘한다는 것은 참 어렵다. 그래서 아무나 공부를 잘할 수 없는 것이다. 공부를 잘하기 위해서는 하고 싶은 것을 참을 수 있는 인내력이 필요한데, 대부분의 사람들은 적당히 참다 보면 결국 인내력이 바닥이 나곤 한다.

그렇다면 오랫동안 참을 수 있는 강인한 정신력은 어디서 오는 것일까? 우리 아이가 유혹을 참고 견디며 꾸준하게 공부에 집중할 수 있게 하기 위해서는 반드시 이 수수께끼를 풀어야 한다.

다행히 많은 학자들이 연구를 통해 이러한 궁금증을 밝혀냈다. 미국의 심리학자 로우 바우마이스터(Roy F. Baumeister)는 대학생을 대상으로 흥미로운 실험을 했다.[1] 실험에 참가하는 사람은 최소 네 시간 동안 밥을 굶도록 지시받은 후 작은 방에 한 명씩 들어가게 되었다. 방 안에는 과자와 초콜릿, 그리고 순무가 잔뜩 쌓여 있었다. 과자와 초콜릿은 대부분의 대학생이 좋아하는 것이지만 순무는 잘 먹지 않는 음식이다. 이 학생들 중 어떤 학생들에게는 과자나 초콜릿을 먹을 수 있게 했지만, 불행히도 어떤 학생들은 순무만 먹을 수 있게 했다. 순무만 먹도록 지시받은 학생들도 밥을 굶어 배가 고팠기에 초콜릿을 먹고 싶었지만 참아야했다.

한참 후 학생들은 장소를 옮겨 퍼즐을 풀게 되었다. 출구가 없는 복잡한 미로 찾기와 같은 '풀 수 없는' 퍼즐이었다. 학생들은 퍼즐을 풀기 위해 한참 동안 노력했지만 결국 포기하고 말았다. 그런데 초콜릿을 먹은 학생들과 먹지 않은 학생들이 포기하는 데 걸리는 시간은 서로 달랐다. 과연 어떤 학생들이 더 오랫동안 인내력을 발휘하며 퍼즐을 풀었을까?

의지력은 한정된 자원

나는 학습법에 관한 강연을 할 때 바우마이스터의 이 실험을 종종 언급하는데, 보통 이 부분에서 청중에게 질문을 던진다. "과연 누가 더 오랫동안 퍼즐을 풀었을까요?" 재미있는 것은 청중의 답변이 거의 반반으로 나뉜다는 것이다.

초콜릿을 먹지 않고 참은 학생들이 더 오랫동안 퍼즐을 풀었을 것이라고 대답한 사람들의 논리는 다음과 같았다. 순무만 먹도록 지시받은 학생들은 초콜릿을 먹지 않는 동안 '참는 훈련'이 되었기 때문에 잘 풀리지 않는 퍼즐도 더 오랫동안 참고 풀었을 것 같다는 것이다.

그럴듯하게 들리지만 실제 결과는 정반대였다.

초콜릿을 먹은 사람들은 평균 20분은 퍼즐을 풀려고 노력했지만, 초콜릿을 먹지 않은 사람들은 평균 8분 만에 그만두고 말았다. 바우마이스터는 이 결과를 통해 '의지력은 한정된 자원'이라고 결론지었고, 현재 많은 학자들이 바우마이스터의 견해를 받아들이고 있다.

초콜릿을 먹지 못했던 학생들은 초콜릿의 유혹을 참는 데 의지력을 사용해버렸다. 의지력은 용량이 정해져 있고, 의지력의 일부를 사용하고 나면 무엇인가를 참을 수 있는 의지력이 줄어든다. '참는 데도 한계가 있다'는 말은 이론적인 근거가 있었던 것이다.

때로는 자유롭게, 때로는 엄격하게

따라서 공부에 방해가 되는 다양한 유혹을 참고 공부에 집중하기 위해 필요한 준비 중 하나는 의지력을 아껴두는 것이다. 공부를 시작하기 전 불필요한 곳에서 의지력을 낭비하게 되면 정작 공부에 필요한 의지력이 그만큼 줄어들기 때문이다.

아이가 모든 인내력을 공부에만 쓰도록 하려면 부모와 교사가 불필요한 부분까지 통제할 필요가 없다. 공부 외에 다른 것에 인내력을 쓰다 보면 집중력이 더 짧아지고 인내력이 바닥나게 되기 때문이다.

예를 들어 "바른 자세로 앉아.""글씨 예쁘게 써.""다리 떨지 마." 등은 인내력을 소진시키는 잔소리다. 물론 바른 자세와 바른 글씨는 아주 중요하다. 그러나 이런 것들은 어렸을 때부터 습관으로 자리 잡아야 하는 부분이며 그런 측면에서 강조해야 하는 것이지, 공부하는 순간 필요한 잔소리는 아니다. 그리고 공부에 전혀 도움이 되지 않는다.

다행인 것은 사용된 의지력은 조금씩 다시 회복된다는 것이다. 마치 스마트폰 배터리가 부족해지만 전원 코드를 연결해 충전하는 것과 비슷하다. 지금까지 의지력의 총량을 늘리는 방법은 발견하지 못했지만, 훈련에 따라 의지력의 회복 속도는 빨라질 수 있다.

이미 써버린 의지력을 회복하는 데 도움이 되는 것은 적절한 쉬는 시간이다. 집중이 잘 된다고 해서 한꺼번에 몰아서 공부를 하면 뇌는 금세 피로해진다. 이런 피로는 의지력의 회복 속도를 늦추므로 정해진 시간마다 공부를 멈추고 가볍게 몸을 풀어주거나 휴식을 취하는 것이 좋다. 단, 쉬는 동안 게임이나 인터넷, SNS를 하는 것은 안 된다. 이런 활동을 하면 '쉬는 게 쉬는 게 아닌' 결과를 낳는다.

무한한 의지력의 비밀

이쯤 되면 이런 궁금증이 떠오를 것이다. "쉬는 시간에 인터넷이나 게임을 하고 싶은데 이것을 참는 것도 의지력을 사용하는 게 아닌가요?" 이에 대한 답은 "예스"이다. 의지력은 한정된 자원이라는 말을 꼭 기억하자. 그렇다면 어떻게 해야 할까? 바로 여기에 의지력의 또 다른 비밀이 있다.

자신이 그리는 꿈을 이루기 위해 끊임없이 노력하는 사람들도 적지 않다. 이들의 의지력은 거의 무한대처럼 보인다. 하지만 이는 사실과 다르다. 연구에 따르면 실제로는 의지력이 무한대인 사람은 없다.

그렇다면 이들은 의지력을 통제하는 능력을 타고난 것일까? 아니면 자신의 의지력을 자유자재로 통제하는 방법이 있는 것일까? 만약 의지력이 타고나는 능력이 아니라 특별한 방법에 의해 통제할 수 있는 것이라면 어떨까? 당장이라도 우리 아이가 이 방법을 배워서 오랫동안 참을 수 있는 인내력을 갖길 바라지 않겠는가?

1960년대 후반, 스탠퍼드 대학의 심리학자 월터 미셸(Walter Mischel)은 의지력 즉, 자기통제의 원리를 알아내기 위해 유치원에 다니는 아이들을 대상으로 재미있는 실험을 했다.[2] 실험자는 아이들을 한 명씩 작은 방으로 불렀다. 방 안에는 작은 책상이 하나 있었고, 책상 위에는 과자가 놓여 있었다. 실험자는 아이에게 '잠깐 나갔다 올 테니 그동안 과자를 먹지 않고 참으면 과자를 하나 더 줄게'라고 약속을 했다. 실험자가 나가자 바로 과자를 먹어치운 아이도 있었고, 힘들게 참다가 결국에는 과자를 먹어버린 아이도 있었다. 실험자가 올 때까지 끈질기게 버티는 아이도 있었다.

과자를 끝까지 먹지 않고 버텨낸 아이들에게는 공통점이 있었다. 이들은 과자를 먹지 않기 위해 과자와 씨름하는 것이 아니라 과자를 피해 등을 돌리고 앉거나, 책상 밑에 들어가거나, 방의 구석으로 가서 혼자 놀거나 하였다. 이 아이들은 과자를 먹지 않으려고 참은 것이 아니라 잠시 동안 과자를 잊어버린 것이다. 미셸은 아이들의 이런 행동을 '주의의 전략적 배분(strategic allocation of attention)'이라고 불렀다.

미셸은 과자를 끝까지 먹지 않고 참았던 아이들이 사용했던 전략을 다른 아이들이 배우고 따라 할 수 있는지, 그 결과로 과자를 먹지 않고 끝까지 버틸 수 있는지를 알아보기 위해 같은 실험을 다시 했다. 이번에는 아이들에게 과자를 먹지 않는 방법을 알려주었다. 그러자 모든 아이들이 이전 보다 더 오랫동안 과자를 먹지 않고 참을 수 있었다.

이 실험에서 아이들에게 준 과자 중 마시멜로(marshmallow)가 있었기 때문에 이 실험은 '마시멜로 실험'으로 널리 알려지게 되었고, 후에 『마시멜로 이야기』라는 책으로 출간되기도 하였다. 이 마시멜로 실험의 핵심은 자기통제가 인내력이나 의지력, 정신력의 문제가 아니라 '방법' 또는 '기술'의 문제라는 것이다.

out of sight, out of mind

이 이야기를 공부를 해야 하는 우리 아이에게 대입시켜 보

자. 스마트폰을 옆에 두고 공부하는 아이가 있다. 공부할 때는 스마트폰이 방해가 된다는 것을 모를 리 없는 아이는 자신의 의지력으로 공부를 하는 동안 스마트폰을 보지 않겠다고 말하며, 책상 위에 올려둔 채로 공부에 집중하려고 '나름의 노력'을 한다.

하지만 우리 모두가 잘 알고 있는 것처럼 이 방법은 결코 통하지 않는다. 애초에 스마트폰으로부터 방해를 받지 않기 위한 유일한 방법은 스마트폰을 공부하는 곳에서 멀리 두는 것이다. 방에서 공부를 한다면 거실에 스마트폰을 두어야 한다. 이 방법은 간단하지만 스마트폰이 공부를 방해하는 것을 원천 차단하는 데 강력한 효과가 있다. 그저 '공부를 위해 스마트폰을 멀리 두겠다'라는 다짐만 있으면 된다. 그리고 한 가지 더, 아이가 거실에 둔 스마트폰을 누구도 건드려서는 안 된다.

공부에 있어서 마시멜로는 스마트폰뿐만 아니라 친구, 텔레비전, 인터넷, 그리고 심지어 지금 공부하지 않아도 되는 다른 문제집이나 교과서가 될 수도 있다. 나는 학창시절에 공부를 하다가 집중이 흐트러지는 순간, 눈앞에 있는 다른 교과목의 참고서를 갑자기 확인해보고 싶다는 생각을 자주 했었다. 결국 이 책, 저 책을 대충 훑어보느라 공부는 하지 않고 괜한 시간만 낭비했던 경험이 있었다.

명심할 것은 공부에 있어서만큼은 우리는 자신의 인내력을 테스트하지 말아야 한다는 점이다. 불필요한 곳에 인내력을 사용하지 않기 위해 공부에 집중할 수 있는 환경을 만들어야 한다. 부모와 교사는 아이들이 괜한 데 의지력을 사용하지 않도록 주의해야 하고, 학생은 공부하는 동안은 공부에만 집중할 수 있도록 나머지는 모두 눈앞에서 치워야 한다. 눈앞에 보이지 않으면 우리는 그것이 있다는 사실을 잊게 되고, 따라서 더 이상 참지 않아도 되기 때문이다.

공부는 어렵습니다. 아니, 고통스럽습니다. 간혹 '공부가 세상에서 제일 쉬운 거야'라고 말씀하시는 어른들이 있습니다. 그러나 저는 이 말이 천재적인 머리를 타고나서 공부가 정말 쉬웠거나 혹은 공부가 얼마나 힘든 일인지 잊었거나, 아니면 그만큼 공부를 해본 적이 없어서 하는 말이라고 생각합니다.

저는 고등학교 1학년 내내 반에서 중상위권 정도의 성적을 유지했었습니다. 언젠가 공부를 제대로 시작하면 분명히 성적이 오를 거라는 막연한 생각만 가지고 있었고, 정작 공부를 제대로 하지는 않았습니다. 누구에게 들었는지도 모를 '공부는 고등학교 2학년 2학기 때부터 해도 괜찮아'라는 말을 믿었습니다. 아니, 믿어야 했습니다. 그래야 지금 공부를 안 하고 있는 나 자신을 어느 정도 합리화할 수 있었기 때문입니다.

고등학교 2학년 1학기에 학교에서 수능 모의고사를 보았습니다. 응시할 때 지원 대학 및 학과를 표기해야 했는데, 저는 별 생각 없이 천문학이 재미있었기 때문에 연세대학교 천문대기학과를 적어 냈습니다. 모의고사를 마치고 얼마 후 성적표를 받아 보고 충격을 받았습니다. 지원한 학생들 중 제 등수는 뒤에서 세는 것이 더 빨랐습니다. 1학년 때는 공부를 하지도 않았고 성적표를 보고도 아무 생각이 없었는데, 이번 모의고사는 나름대로 열심히 문제를 풀었다고 생각했기 때문에 이 결과는 충격이었습니다. '아, 이제는 공부해야겠구나'라는 생각이 절로 들었습니다.

그런데 저는 그날 이후로도 한동안 공부를 하지 않았습니다. 안 하던 공부를 갑자기 하려니 뭔가 공부 계획을 제대로 세워야 한다고 생각했고, 계획표를 짜느라 시간을 다 써서 공부할 시간이 부족하기도 했습니다. 계획은 자꾸 어긋나고, 열흘 정도 지나 다시 맘을 잡으려고 생각하면 다시 계획을 세우느라 하루를 다 쓰고…… 이렇게 두세 달이 훌쩍 지나가버렸습니다.

네, 맞습니다. 미련했죠. 지키지도 않을 공부 계획을 뭐 하러 하루 종일 세웠을까요? 그 시간에 아무 공부라도 시작했더라면 뭐라도 했을 텐데 말입니다. 저는 그 대가를 혹독하게 치러야 했습니다.

어쨌든 저는 고등학교 2학년 여름방학 때부터 본격적으로 공부를 시작했습니다. 정말 열심히 했습니다. 엉덩이에 땀띠가 나고 염증이 생겨 제대로 앉아 있기 힘들 정도였습니다.

그렇게 열심히 공부했지만 성적은 한동안 오르지 않았습니다. 절망감에 모든 것을 포기하고 싶었습니다. 고등학교 3학년으로 올라가는 겨울방학에 어머니와 함께 담임선생님을 찾아가 진로 진학 면담을 하던 날이 지금도 생생히 기억납니다. 하늘은 금방이라도 눈이 내릴 것처럼 온통 회색이었고, 학교 운동장은 꽁꽁 얼어붙어 있었습니다. 그 운동장을 가로질러 가면서 저는 어머니께 이렇게 말했습니다.

"그냥 내가 지난 몇 개월처럼 정말 열심히 공부했다고 치고, 앞으로 1년이 내 인생에서 없어졌으면 좋겠어."

고작 6개월 공부해보고 나온 말이었습니다. 시간은 그렇게 1년이 더 흘러 저는 희망하는 대학에 떨어지고 재수를 했습니다. 그리고 결국 연세대학교에 들어갔습니다. 재수는 인생에 좋은 경험이라는 말도 있지만, 저는 전혀 공감할 수가 없습니다. 지옥 같은 고3을 한 번 더 반복한다니, 남자가 군대를 두 번 가는 것과 비슷한 느낌입니다.

제가 이런 이야기를 이렇게 늘어놓은 것은 성적 역전에 성공했다는 자랑을 하고자 함이 아닙니다. 공부는 세상에서 가장 힘든 일 중 하나이기 때문에 이를 가볍게 여기지 말아야 한다는 이야기를 하고 싶은 것입니다. 학창시절의 기억이 이제는 희미해져서, 당시 힘들었던 기억도 대부분 다 잊으셨을 것입니다. 그래서 지금 아이들이 공부가 힘들다고 하면 "그것도 힘들 어해서 어떡하려고 그러니? 학교 졸업하면 인생은 더 힘들어." 라고 말씀하셨을 것입니다.

공부는 정말 고통스러운 자신과의 싸움입니다. 때문에 어른 들이 아이들에게 해줄 수 있는 것은 채찍질이 아니라 아이들의 고통을 공감하는 것이라 생각합니다.

같은 맥락에서 저의 사명은 아이들에게 좋은 길을 안내하는 것이라고 믿습니다. 가능하다면 조금이라도 덜 힘든 방법을 찾 아 아이들의 고통을 덜어주고 싶습니다.

아이들에게 자기주도학습은 어렵습니다. 자기주도학습은 공 부의 이상점이며, 궁극적으로 모든 학습자는 자기주도적인 학 습을 해야 합니다. 다시 한 번 강조하지만 이것은 말처럼 쉽지 않고, 당장은 하기 힘들 수 있습니다. 특히 중고등학교 때는 진 도 나가느라 정신이 없고, 내신 관리도 꾸준히 해야 합니다. 만 약 학생부 종합전형까지 준비하려면 책도 많이 읽어야 하고 봉 사활동도 해야 합니다. 각종 대회에서 수상 실적도 쌓아야 하 고 교내 동아리 활동에서 좋은 성과도 만들어 제출해야 합니 다. 이 과정에서 자연스럽게 자기주도학습도 필요하겠지만, 적 어도 교과목 학습에서는 선생님의 도움을 받아 공부를 '조금 더' 수월하게 하는 것도 좋은 전략이라고 생각합니다.

누군가는 청소년 학습자들이 자기주도학습 역량을 키울 수 있는 방법을 계속해서 연구해야 할 것입니다. 하지만 한편에서는 그 방법이 정착되기 전까지, 혹은 자기주도학습이 어려운 아이들도 조금은 쉽게 따라 할 수 있도록, 조금은 다른 관점에서 다른 방법을 제시할 수 있도록 연구해야 한다고 생각합니다.

제가 이 책을 집필하게 된 이유는 바로 이 지점입니다. 지금껏 사교육에 몸담고 있으면서 아이들에게 올바른 공부 방법을 알려주려고 적지 않은 노력을 했습니다. 아이들에게 더 좋은 공부 방법을 알려주기 위해 대학원에 들어가 교육학 석사과정을 마치고 인지과학 박사과정을 밟고 있습니다. 저뿐 아니라 많은 교육 관계자들이 이와 같은 노력을 기울이고 있습니다. 이 노력들이 모여 아이들이 조금 더 좋은 학습을 할 수 있는 방법을 언젠가 찾아낼 것이라 믿습니다. 그리고 결국에는 분명 우리 세상을 조금 더 이롭게 할 수 있을 것이라고 확신합니다.

마지막으로 혹시 이 글을 보고 있을지 모를 학생들에게 꼭 이 말을 전하고 싶습니다.

"애들아, 힘들지? 하지만 견뎌내야 해. 네가 이루고 싶은 것이 있고, 그것을 이루기 위해 좋은 성적이 필요하다면, 지금 힘든 걸 참고 견뎌내야 해.

공부를 열심히 한다는 건 정말 힘든 일이야. 그래서 아무나 못 해. 안타깝지만, 편하게 공부하고 성적이 오르는 방법은 없어. 쉽게 공부하면 잊어버리는 것도 쉽지만, 어렵게 공부하면 잊어버리는 것도 어렵거든. 네가 네 미래를 위해 지금의 시간을 투자하고 싶다면, 좋은 성적이 필요하다면 힘들어도 참고 이겨내자. 지금 이 순간을 이겨낼 수만 있다면 넌 네가 원하는 무엇이든 될 수 있을 거야.

네가 좋은 어른으로, 그리고 행복한 어른으로 성장하길 진심으로 응원한단다.”

chapter 1

1) 오상철, 이문복(2009), 「중고등학생의 자기 주도 학습 능력 향상 방안 연구」, 〈한국교육과정평가원〉.

2) 교육과학기술부(2010), 「고등학교 선진화를 위한 입학제도 및 체제개편 후속 추진방안」.

3) 박도순(1998), 「자기주도적 학습 능력 신장을 위한 교수-학습 과정 및 평가의 개선 방향 : 한국교육의 경쟁력 제고 방안」, 〈한국교육개발원〉.

4) 대구대성초등학교(2001), 「학습동기전략의 체계적 접근을 통한 자기주도적 학습력 신장: 대구광역시교육청 지정 교실수업개선 연구학교 연구보고서」.

5) 박영태, 현정숙(2002), 『자기주도학습력의 이해』, 〈동아대학교 출판부〉.

6) 소경희(1998), 「학교교육에 있어서 '자기주도학습'(self-directed learning)의 의미」, 〈교육과정연구〉, 16(2), 329~351.

7) Merriam, S.(2001), 「Something old, something new: the changing mosaic of adult learning theory」, 〈Andragogy Today〉, 4(1), 1~31.

8) 배영주(2008), 「학교에서의 자기주도학습 구현을 위한 실천적 모형 개발 연구」, 〈교육과정연구〉, 26(3), 97-119.

9) OECD(2005), 「The definition and selection of competencies: Executive summary」.

10) OECD(2001), 「The definition and selection of competencies: theoretical and conceptual foundations」.

11) Balapumi, R. & Aitken, A.(2012), 「Concepts and factors influencing independent learning in IS higher education」 〈23rd Australasian Conference on Information Systems〉, 1~10.

12) Malan, S. B. & Ndlovu, M. & Engelbrecht, P.(2014), 「Introducing problem-

based learning (PBL) into a foundation programme to develop self-directed learning skills」, 〈South African Journal of Education〉, 34(1), 1~16.

13) Saks, K. & Leijen, Ä.(2014), 「Distinguishing self-directed and self-regulated learning and measuring them in the e-learning context」, 〈Procedia-Social and Behavioral Sciences〉, 112, 190~198.

14) 배영주(2008), 「학교에서의 자기주도학습 구현을 위한 실천적 모형 개발 연구」, 〈교육과정연구〉, 26(3), 97~119.

15) 오상철, 이문복(2009), 「중고등학생의 자기 주도 학습 능력 향상 방안 연구」, 〈한국교육과정평가원〉.

16) 양애경, 조호제(2009), 「자기주도적 학습과 학업성취도간의 관계」, 〈교육실천연구〉, 8(3), 61~82.

Chapter 2

1) OECD(2005), 「The definition and selection of competencies: Executive summary」.

2) 교육부(2015), 「기본교육과정」, 〈교육부〉.

3) 오범호, 김성열, 오세희(2013), 「자율형 고등학교의 자기주도적 학습전형 운영 실태와 개선방안」, 〈수산해양교육연구〉, 25(1), 40~51.

4) 목정연(2014), 「고등학생의 자기주도적 학습자 되기에 관한 내러티브 연구」, 〈성균관대학교 석사학위논문〉.

5) 전현욱(2012), 「'자기주도학습'의 의미에 관한 한 해석」, 〈학습자중심교과교육연구〉, 12(1), 373~392.

6) 권정윤(2017), 「청소년 자기주도학습과 자기조절학습의 비교연구」, 〈중앙대학교 대학원 석사학위논문〉.

7) 한국교육개발원, 박효정 외(2011), 「내 공부의 내비게이션 자기주도학습」. 〈교육과학기술부, 한국교육개발원, 대구광역시교육청〉.

8) 우택순(2010), 「사이버 가정학습이 자기 주도적 학습력에 미치는 영향」, 〈전북대학교 교육대학원 석사학위논문〉.

9) 권정윤(2017), 「청소년 자기주도학습과 자기조절학습의 비교연구」, 〈중앙대학교 대학원 석사학위논문〉.

10) 박계향(2012), 「학습기술 훈련 프로그램과 학습전략 프로그램이 초등학교

학습 부진학생의 학습기술능력과 자기주도적 학습태도에 미치는 효과」, 〈강원대학교 대학원 박사학위논문〉.

11) Guglielmino, L. M.(1997), 「Reliability and validity of the self-directed learning readiness scale and the learning preference assessment」, 〈HB Long & Associates, Expanding Horizions in Self-Directed learning〉, 209~222.

12) Oddi, L. F.(1986), 「Development and validation of an instrument to identify self-directed continuing learners」, 〈Adult Education Quarterly〉, 36(2), 97~107.

13) 김은실(2016), 「중학생의 코넬식 노트필기법이 자기주도학습준비도 및 학업 성취도에 미치는 영향」, 〈숭실대학교 교육대학원 석사학위논문〉.

14) 임은화(2013), 「상보적 교수를 통한 독해 훈련이 학습자의 영어 독해력, 초인지 독해전략 및 자기 주도 학습에 미치는 효과」, 〈공주대학교대학원 석사 학위논문〉.

15) 정모아(2014), 「초등사회과에서 프로젝트 학습이 자기 주도적 학습 능력에 미치는 효과」. 〈공주교육대학교 교육대학원 석사학위논문〉.

16) 권정윤(2017), 「청소년 자기주도학습과 자기조절학습의 비교연구」, 〈중앙대학교 대학원 석사학위논문〉.

17) 김진아(2013), 「조회시간에 적용할 수 있는 자기주도학습능력 향상 프로그램의 개발과 효과 검증」, 〈공주대학교 교육대학원 석사학위논문〉.

18) 허승준(2014), 「정착수업이 초등학생의 자기주도적 학습능력에 미치는 효과」, 〈열린교육연구〉, 22(3), 231~248.

19) 오상철, 이문복(2009), 「중·고등학생의 자기주도학습 능력 향상 방안 연구」. 〈한국교육과정평가원 RRI, 8〉.

20) Brookfield, S.(1993), 「Self-directed learning, political clarity, and the critical practice of adult education」, 〈Adult Education Quarterly〉, 43(4), 227~242.

21) 권정윤(2017), 「청소년 자기주도학습과 자기조절학습의 비교연구」, 〈중앙대학교 대학원 석사학위논문〉.

22) 권정윤(2017), 「청소년 자기주도학습과 자기조절학습의 비교연구」, 〈중앙대학교 대학원 석사학위논문〉.

23) 김아영(2014), 「미래 교육의 핵심역량: 자기주도성」, 〈교육심리연구〉, 28(4), 593~617.

24) 김진선(2004), 「자기조절 학습전략 훈련이 자기 주도적 학습능력과 학업성취도 및 학습태도에 미치는 영향」, 〈한국교원대학교 교육대학원 석사학위

논문〉.

25) 박성익, 김미경 (2004), 「자기조절학습의 구성요인과 학습효과에 관한 고찰」, 〈아시아교육연구〉, 5(2), 137-158.

26) 이은영(2014), 「학업요구와 학업소진 관계에서 학업통제감의 조절효과」, 〈고려대학교 교육대학원 석사학위논문〉.

27) Maslach, C. & Leiter, M.(1999), 「Teacher burnout: A Research agenda」, 『Understanding and preventing teacher burnout』, 〈Cambridge University Press〉, 295~303.

28) 신병창(2012), 「초등영재아동과 일반아동의 부모의 학업성취압력과 학업기대 스트레스가 학업소진에 미치는 영향」, 〈인천대학교 대학원 석사학위논문〉.

29) 안종혁(2014), 「초등영재학생과 일반학생의 학업스트레스 및 스트레스 대처방식에 따른 학업소진과의 관계」, 〈아주대학교 교육대학원 석사학위논문〉.

30) Lee, M. & Larson, R.(2000), 「The Korean "examination hell": Long hours of studying, distress, and depression」, 〈Journal of Youth and Adolescence〉, 29, 249~272.

31) Koeske, G. F. & Koeseke, R. D.(1991), 「Student burn out as a mediator of the stress-out-come relationship」, 〈Research in Higher Education〉, 32, 415~431.

32) 배영주(2008), 「학교에서의 자기주도학습 구현을 위한 실천적 모형 개발 연구」, 〈한국교육과정학회〉, 26(3), 97~119.

33) Caffarella, R. S. & O'Donnell, J. M.(1987), 「Self-directed adult learning :A critical paradigm revisisted」, 〈Adult Education Quarterly〉, 37, 199~234.

34) Merriam, S.(2001), 「Something old, something new: the changing mosaic of adult learning theory」, 〈Andragogy Today〉, 4(1), 1~31.

35) 배영주(2008)

36) Landau, H. G.(1951), 「Bulletin of Mathematical Biophysics」, 13, 245~262.

37) Mazur, Allan, Booth, Allan, and Dabbs, James M. Jr.(1992), 「Testosterone and Chess Competition」, 〈Social Psychology Quarterly〉, 55, 70~77.

38) 이안 로버트슨(Ian Robertson)(2013), 『승자의 뇌』, 〈알에이치코리아〉.

39) Bandura, A.(1977), 「Self-efficacy: Toward a unifying theory of behavioral change」, 〈Psychological Review〉, 84(2), 191~215.

40) Bandura, A.(1977), 「Self-efficacy: Toward a unifying theory of behavioral

change」, 〈Psychological Review〉, 84(2), 191~215.

41) Paul Eggen, Don Kauchak(2006), 『교육심리학: 교육실제를 보는 창』, 〈학지사〉.

42) Zimmerman, Barry & Bandura, Albert & Martinez-Pons, Manuel(1992), 「Self-Motivation for Academic Attainment: The Role of Self-Efficacy Beliefs and Personal Goal Setting」, 〈American Educational Research Journal〉, 29, 663~676.

43) 양명희(2002), 「자기조절학습 구성변인과 학업 성취와의 관계 연구」, 〈아시아교육연구〉, 3(2), 47~70.

44) Pajares, F.(1996), 「Self-efficacy beliefs in academic settings」, 〈Review of Educational Research〉, 66(4), 543~578.

45) 김영미, 김아영(1998), 「학원수강이 학습동기와 아동의 학업성취에 미치는 영향」, 〈이화여자대학교 교육과학연구〉, 2(1), 240~254.

46) Flynn, J. R.(1991), 『Asian Americans: Achievement beyond IQ』, 〈Lawrence Erlbaum Associates〉.

47) Flynn, J. R.(1991), 『Asian Americans: Achievement beyond IQ』, 〈Lawrence Erlbaum Associates〉.

48) 유경훈(2011), 「청소년의 자기효능감과 학업성취 간의 관계 연구」, 〈Global Creative Leader〉, 1(2), 3~15.

49) Zimmerman, Barry & Bandura, Albert & Martinez-Pons, Manuel(1992), 「Self-Motivation for Academic Attainment: The Role of Self-Efficacy Beliefs and Personal Goal Setting」, 〈American Educational Research Journal〉, 29, 663~676.

50) 김아영(2004), 『학업적 자기효능감: 이론과 현장연구』, 〈학지사〉.

51) Seligman, M. E. P.(1975). 『Helplessness: On Depression, Development, and Death』, 〈W H Freeman & Co〉.

52) Nurmi, J. E. & Aunola, K. & Salmela-Aro, K. & Lindroos, M.(2003), 「The role of success expectation and task-avoidance in academic performance and satisfaction: Three studies on antecedents, consequences and correlates」, 〈Contemporary Educational Psychology〉, 28, 59~90.

53) 이명진, 봉미미(2013), 「청소년기의 학습된 무기력」, 〈교육학연구〉, 51(1), 77~105.

54) Martin E. P. Seligman(1972), 「Learned helplessness」, 〈Annual Review of Medicine〉.

55) 김아영, 주지은(1999), 「학습된 무기력, 실패내성과 학업성취간의 관계」, 〈교육과학연구〉,

56) 김아영(2004), 『학업적 자기효능감: 이론과 현장연구』, 〈학지사〉.

57) Hiemstra, R.(1994), 『Self-Directed Learning』, 〈IACE Hall of Fame Repository〉.

58) Guglielmino, L. M.(1997), 「Reliability and validity of the self-directed learning readiness scale and the learning preference assessment」, 〈HB Long & Associates, Expanding Horizons in Self-Directed learning〉, 209-222.

59) Oddi, L. F.(1986), 「Development and validation of an instrument to identify self-directed continuing learners」, 〈Adult Education Quarterly〉, 36(2), 97~107.

60) Candy, P. C.(1991), 『Self-Direction for Lifelong Learning. A Comprehensive Guide to Theory and Practice』, 〈Jossey-Bass〉.

61) 권정윤(2017), 「청소년 자기주도학습과 자기조절학습의 비교연구」, 〈중앙대학교 대학원 석사학위논문〉.

62) Loyens, S. M. & Magda, J. & Rikers, R. M.(2008), 「Self-directed learning in problem-based learning and its relationships with self-regulated learning」, 〈Educational Psychology Review〉, 20(4), 411~427.

63) Saks, K. & Leijen, Ä.(2014), 「Distinguishing self-directed and self-regulated learning and measuring them in the e-learning context」, 〈Procedia-Social and Behavioral Sciences〉, 112, 190~198.

64) 허경철(1998), 「자기주도적 학습 과정의 실제」, 〈교육월보〉, 32-35.

65) 본 정의는 놀즈가 정리한 자기주도학습의 특징과 정의를 일부 변형한 것으로 자기주도학습의 일부만 설명하고 있는 개념이다.

66) 자기주도학습에 대한 이 정의는 1975년 놀즈에 의해 정리된 개념으로 현재 가장 많이 활용되고 있다. 본 자기주도학습의 정의에 대한 출처는 아래 논문을 참조하기 바란다. Knowles, M. S.(1975), 『Self-directed learning: A guide for learners and teachers』, 〈Association Press〉, 218.
한국교육개발원, 박효정 외(2011), 「내 공부의 내비게이션 자기주도학습」, 〈교육과학기술부, 한국교육개발원, 대구광역시교육청〉.

67) Hiemstra, R.(1994), 『Self-Directed Learning』, 〈IACE Hall of Fame Repository〉.

68) Hiemstra, R.(1994). Self-directed learning. In T. Husen, & T. N. Postlethwaite(Eds.), The international encyclopedia of education(2nd edition). Oxford: Pergamon Press.

69) 배영주(2008), 「학교에서의 자기주도학습 구현을 위한 실천적 모형 개발 연구」, 〈교육과정연구〉, 26(3), 97~119.

70) 권정윤(2017), 「청소년 자기주도학습과 자기조절학습의 비교연구」, 〈중앙대학교 대학원 석사학위논문〉.

71) Bandura, A.(1985), 『Social foundations of thought and action: A social cognitive theory』, 〈Prentice-Hall〉.

72) Schunk, D. H.(1985), 「Self-efficacy and classroom learning」, 〈Psychology in the Schools〉, 22(2), 208~223.

73) 김수동(2007), 「방과후학교의 장애요인 및 극복 과정·전략과 정책 연구 과제 탐색」, 〈열린교육연구〉, 15(3), 127~150.

74) 김영우, 김종두(2016), 「자유학기제 시행에 따른 중학생 진로교육의 효과와 문제점」, 〈한국엔터테인먼트산업학회논문지〉, 10(6), 313~321.

75) 배영주(2008), 「학교에서의 자기주도학습 구현을 위한 실천적 모형 개발 연구」, 〈교육과정연구〉, 26(3), 97~119.

76) 김경령, 서은희(2014), 「자기조절학습 프로그램의 효과에 대한 메타분석」, 〈교육심리연구〉, 28(4), 665~692.

77) 권정윤(2017), 「청소년 자기주도학습과 자기조절학습의 비교연구」, 〈중앙대학교 대학원 석사학위논문〉.

78) Malan, S. B. & Ndlovu, M. & Engelbrecht, P.(2014), 「Introducing problem-based learning (PBL) into a foundation programme to develop self-directed learning skills」, 〈South African Journal of Education〉, 34(1), 1-16.

79) Balapumi, R. & Aitken, A.(2012), 「Concepts and factors influencing independent learning in IS higher education」〈23rd Australasian Conference on Information Systems〉, 1~10.

80) Stolk, J. & Martello, R. & Somerville, M. & Geddes, J.(2010), 「Engineering students' definitions of and responses to self-directed learning」, 〈International Journal of Engineering Education〉, 26(4), 900.

81) Mohammad, A. S. & Guetl, C.(2011), 「Supporting self-regulated learners with formative assessments using automatically created QTI-questions」, 〈Global Engineering Education Conference(EDUCON)〉, 288~294.

82) Mohammad, A. S., & Guetl, C.(2011), 「Supporting self-regulated learners with formative assessments using automatically created QTI-questions」, 〈Global Engineering Education Conference(EDUCON)〉, 288~294.

83) Saks, K. & Leijen, Ä.(2014), 「Distinguishing self-directed and self-regulated learning and measuring them in the e-learning context」, 〈Procedia-Social and Behavioral Sciences〉, 112, 190~198.

84) 권정윤(2017), 「청소년 자기주도학습과 자기조절학습의 비교연구」, 〈중앙대학교 대학원 석사학위논문〉.

85) Jossberger, H. & Brand-Gruwel, S. & van de Wiel, M. W. & Boshuizen, H. P.(2015), 「Teachers' perceptions of teaching in workplace simulations in vocational education」, 〈Vocations and Learning〉, 8(3), 287~318.

86) Loyens, S. M. & Magda, J. & Rikers, R. M.(2008), 「Self-directed learning in problem-based learning and its relationships with self-regulated learning」, 〈Educational Psychology Review〉, 20(4), 411~427.

87) Hiemstra, R.(1994), 『Self-Directed Learning』, 〈IACE Hall of Fame Repository〉.

88) Hiemstra, R.(1994), 「Self-directed learning」, 『The international encyclopedia of education(2nd edition)』, 〈Oxford: Pergamon Press〉.

89) 배영주(2008), 「학교에서의 자기주도학습 구현을 위한 실천적 모형 개발 연구」, 〈교육과정연구〉, 26(3), 97~119.

90) Merriam, S.(2001), 「Something Old, Something New : The Changing Mosaic fo Adult Learning Theory」, 〈Andragogy Today : International Journal of Adult & Continuing Education〉, 4(1), 1~31.

91) Merriam, S.(2001), 「Something old, something new: the changing mosaic of adult learning theory」, 〈Andragogy Today〉, 4(1), 1~31.

chapter 3

1) Schunk, D. H.(1985), 「Self-efficacy and classroom learning」, 〈Psychology in the Schools〉, 22(2), 208~223.

2) Bandura, A.(1986), 『Social foundations of thought and action: A social cognitive theory』, 〈Prentice-Hall〉.

3) 양명희(2000), 「자기조절학습의 모형 탐색과 타당화 연구」, 〈서울대학교 대학원 박사학위논문〉.

4) 자기주도학습은 다음의 자료를 참고하였음.배영주(2008), 「학교에서의 자기주도학습 구현을 위한 실천적 모형 개발 연구」, 〈교육과정연구〉, 26(3),

97~119. 오상철(2009), 「중 고등학생의 자기 주도 학습 능력 향상 방안 연구」, 〈한국교육과정평가원〉. 정철희(2009), 『자기주도학습 만점 공부법』, 〈행복한나무〉. 한국교육개발원, 박효정 외(2011), 「내 공부의 내비게이션 자기주도학습」, 〈교육과학기술부, 한국교육개발원, 대구광역시교육청〉. 박형근(2012), 『자기주도학습 교육방법론』, 〈아트블루〉. 최성우, 김판수(2010), 『자기주도학습 아이를 바꾼다』, 〈교육과학사〉. 송인섭(2006), 『현장적용을 위한 자기주도학습』, 〈학지사〉. 코칭맘스쿨(2011), 『사교육없이 대학보내는 자기주도학습 교과서』, 〈행복한 나무〉. 강훈, 김미영, 민세홍, 정현옥(2012), 『자기주도 학습전략』, 〈이담북스〉. 전도근(2010), 『엄마표 자기주도 학습법』」, 〈북포스〉.

5) 자기조절학습은 다음의 자료를 참고하였음. Zimmerman, B. J.(1986), 「Becoming a self-regulated learner: which are the key subprocesses?」, 〈Contemporary educational psychology〉, 11, 307~313. Schunk, D. H. & Zimmerman, B. J.(2008), 『Motivation and Self-Regulated Learning: Theory, Research, and Applications』, 〈Routledge〉. Zimmerman, B. J. & Schunk, D. H.(2000), 『자기조정학습』, 〈원미사〉. 정미경(2008), 「학업성취와의 관계를 규명하는 자기조절학습 탐구」, 〈한국학술정보〉. 남정권(2006), 「WEI 환경과 자기조절학습」, 〈한국학술정보〉.

6) Zimmerman, B. J.(1986), 「Becoming a self-regulated learner: which are the key subprocesses?」, 〈Contemporary educational psychology〉, 11, 307~313.

7) Pintrich, P. R.(2000), 「The role of goal orientation in self-regulated learning」, 『Handbook of self-regulation』, 〈Academic Press〉, 451~502.

8) 오상철(2009), 「중 고등학생의 자기 주도 학습 능력 향상 방안 연구」, 〈한국교육과정평가원〉.

9) 교육개혁위원회(1995/1996). 세계화·정보화 시대를 주도하는 신교육체제 수립을 위한 교육개혁 방안(I/II). 95. 5. 31 제2차 대통령보고서/ 96. 2. 9. 제3차 대통령보고서.

10) Brokett, R. & Hiemstra, R.(1991), 『Self directed in adult learning: perspectives on theory, research, and practice』, 〈Routlege〉, 7~8.

11) Caffarella, R.(1993), 「Self directed learning」, 〈New Directions for Adult and Continuing Education〉, 57, 25~35.

12) Candy, P.(1991), 『Self direction for lifelong learning: a comprehensive guide to theory and practice』, 〈Jossey-Bass〉.

13) Merriam, S. B. & Caffarella, R. S.(1999), 『Learning in adulthood: a comprehensive guide』, 〈Jossey-Bass〉.

14) Pilling-Cormick, J. & Garrison, D. R.(2007), 「Self-directed and self-regulated learning: Conceptual links」, 〈Canadian Journal of University Continuing Education〉.

15) 송인섭(2006), 『현장적용을 위한 자기 주도 학습』, 〈학지사〉.

16) 홍기칠(2004), 「구성주의적 자기 주도 학습을 위한 학습력 분석과 학습모형 개발」, 〈교육심리연구〉, 18(1), 751~774.

17) Loyens, S. M. & Magda, J. & Rikers, R.(2008), 「Self-directed learning in problem based learning and its relationships with self regulated learning」, 〈Educational psychology review〉, 20, 411~427.

18) 배영주(2006), 「아동의 자기 주도적 학교 학습의 가능성과 실현 조건의 탐색」, 〈교육과정연구〉, 24(2), 299~319.

19) 배영주(2003), 「성인의 자기주도학습 과정에 대한 사례 연구」, 〈서울대학교 박사학위논문〉.

20) Cosnefroy, L. & Carré, P.(2014), 「Self-regulated and Self-directed Learning: Why Don't Some Neighbors Communicate?」, 〈International Journal of Self-Directed Learning〉.

21) Loyens, S. M. & Magda, J. & Rikers, R. M.(2008), 「Self-directed learning in problem-based learning and its relationships with self-regulated learning」, 〈Educational Psychology Review〉, 20(4), 411~427.

22) Abar, B. & Loken, E.(2010), 「Self-regulated learning and self-directed study in a pre-college sample」, 〈Learning and individual differences〉, 20(1), 25~29.

23) 헬렌 요스버거(Helen Jossberger)와 브랜드 그루웰(Brand-Gruwell), 헤니 보쉬젠(Henny Boshuizen)은 자기주도학습과 자기조절학습은 매우 유사해 보이고 구분하기 어렵다고 했으며, 몇몇 연구들은 두 개념을 구분하지 않고 사용하기도 했다.

24) Loyens, S. M. & Magda, J. & Rikers, R. M.(2008), 「Self-directed learning in problem-based learning and its relationships with self-regulated learning」, 〈Educational Psychology Review〉, 20(4), 411~427.

25) Gandomkar, R. & Sandars, J.(2018), 「Clearing the confusion about self-directed learning and self-regulated learning」, 〈Medical teacher〉, 40(8), 862~863.

26) Cosnefroy, L. & Carré, P.(2014), 「Self-regulated and Self-directed Learning: Why Don't Some Neighbors Communicate?」, 〈International Journal of Self-Directed Learning〉.

27) 배영주(2003), 「성인의 자기주도학습 과정에 대한 사례 연구」, 〈서울대학교 대학원 박사학위논문〉.

28) 오상철(2009), 「중 고등학생의 자기 주도 학습 능력 향상 방안 연구」, 〈한국 교육과정평가원〉.

29) Brockett, R. G.(2002), 『Conceptions of self-directed learning: Theoretical and conceptual considerations』, 〈Learning Organized Self-Directed Research group〉.

30) Brokett, R. & Hiemstra, R.(1991), 『Self directed in adult learning: perspectives on theory, research, and practice』, 〈Routlege〉, 7~8.

31) Boekaerts, M.(1997). 「Self-regulated learning: A new concept embraced by researchers, policy makers, educators, teachers, and students」, 〈Learning and instruction〉, 7(2), 161-186.

32) Winne, P. H. & Hadwin, A. F.(1998), 「Studying as self-regulated engagement in learning」, 『Metacognition in educational theory and practice』, 〈Lawrence Erlbaum Associates Publishers〉, 277~304.

33) Pintrich, P. R.(2004), 「A conceptual framework for assessing motivation and self-regulated learning in college students」, 〈Educational psychology review〉, 16(4), 385~407.

34) Cosnefroy, L.(2011), 『L'apprentissage autorégulé, entre cognition et motivation』, 〈Presses Universitaires de Grenoble〉.

35) Boekaerts, M. & Corno, L.(2005), 「Self-regulation in the classroom: A perspective on assessment and intervention」, 〈Applied Psychology〉, 54(2), 199~231.

36) Pintrich, P. R.(2004). 「A conceptual framework for assessing motivation and self-regulated learning in college students」, 〈Educational psychology review〉, 16(4), 385~407.

37) Zimmerman, B. J.(1989), 「A social cognitive view of self-regulated academic learning」, 〈Journal of educational psychology〉, 81(3), 329.

38) Pilling-Cormick, J. & Garrison, D. R.(2007), 「Self-directed and self-regulated learning: Conceptual links」, 〈Canadian Journal of University

Continuing Education〉.

39) Knowles, M. S.(1975), 『Self-directed learning: A guide for learners and teachers』, 〈Association Press〉.

40) Zimmerman, B. J.(1998), 『Academic studing and the development of personal skill: A self-regulatory perspective』, 〈Educational psychologist〉, 33(2-3), 73~86.

41) Pintrich, P. R.(2000), 『The role of goal orientation in self-regulated learning』, 『Handbook of self-regulation』, 〈Academic Press〉, 451~502.

42) Saks, K. & Leijen, Ä.(2014), 『Distinguishing self-directed and self-regulated learning and measuring them in the e-learning context』, 〈Procedia-Social and Behavioral Sciences〉, 112, 190~198.

43) Garrison, D. R.(1997), 『Self-directed learning: Toward a comprehensive model』, 〈Adult education quarterly〉, 48(1), 18~33.

44) Long, H. B.(2000), 『Understanding self-direction in learning』, 〈Practice and theory in self-directed learning〉, 11~24.

45) Paris, S. G. & Winograd, P.(1990), 『Promoting metacognition and motivation of exceptional children』, 〈Remedial and special Education〉, 11(6), 7~15.

46) Pilling-Cormick, J. & Garrison, D. R.(2007), 『Self-directed and self-regulated learning: Conceptual links』, 〈Canadian Journal of University Continuing Education〉, 33(2).

47) Loyens, S. M. & Magda, J. & Rikers, R. M.(2008), 『Self-directed learning in problem-based learning and its relationships with self-regulated learning』, 〈Educational Psychology Review〉, 20(4), 411~427.

48) Pintrich, P. R.(1999), 『The role of motivation in promoting and sustaining self-regulated learning』, 〈International journal of educational research〉, 31(6), 459~470.

49) Garrison, R. D.(1997), 『Self-directed learning: toward a comprehensive model』, 〈Adult education quarterly〉, 48(1), 18~33.

50) 김아영(2014), 「미래 교육의 핵심역량: 자기주도성」, 〈교육심리연구〉, 28(4), 593~617.

51) 박성익, 김미경(2004), 「자기조절학습의 구성요인과 학습효과에 관한 고찰」, 〈아시아교육연구〉, 5(2), 137~158.

52) 배영주(2008), 「학교에서의 자기주도학습 구현을 위한 실천적 모형 개발 연구」, 〈교육과정연구〉, 26(3), 97~119.

53) Cosnefroy, L. & Carré, P.(2014), 「Self-regulated and self-directed learning: Why don't some neighbors communicate?」, 〈International Journal of Self-Directed Learning〉, 1.

54) Saks, K. & Leijen, Ä.(2014), 「Distinguishing self-directed and self-regulated learning and measuring them in the e-learning context」, 〈Procedia-Social and Behavioral Sciences〉, 112, 190~198.

55) 자기주도학습과 자기조절학습의 차이점은 다음의 논문을 참조하였다. Stolk, J. & Martello, R. & Somerville, M. & Geddes, J.(2010), 「Engineering students' definitions of and responses to self-directed learning」, 〈International Journal of Engineering Education〉, 26(4), 900. Balapumi, R. & Aitken, A.(2012), 「Concepts and factors influencing independent learning in IS higher education」, 〈In ACIS 2012〉, 1~10.

57) Loyens, S. M. & Magda, J. & Rikers, R. M.(2008), 「Self-directed learning in problem-based learning and its relationships with self-regulated learning」, 〈Educational Psychology Review〉, 20(4), 411~427.

56) Loyens, S. M. & Magda, J. & Rikers, R. M.(2008), 「Self-directed learning in problem-based learning and its relationships with self-regulated learning」, 〈Educational Psychology Review〉, 20(4), 411~427.

57) Loyens, S. M. & Magda, J. & Rikers, R. M.(2008), 「Self-directed learning in problem-based learning and its relationships with self-regulated learning」, 〈Educational Psychology Review〉, 20(4), 411~427.

58) Candy, P. C.(1991), 『Self-Direction for Lifelong Learning. A Comprehensive Guide to Theory and Practice』, 〈Jossey-Bass〉.

59) Loyens, S. M. & Magda, J. & Rikers, R. M.(2008), 「Self-directed learning in problem-based learning and its relationships with self-regulated learning」, 〈Educational Psychology Review〉, 20(4), 411~427.

60) Gandomkar, R. & Sandars, J.(2018), 「Clearing the confusion about self-directed learning and self-regulated learning」, 〈Medical teacher〉, 40(8), 862~863.

61) Jossberger, H. & Brand-Gruwel, S. & Boshuizen, H. & Van de Wiel, M.(2010), 「The challenge of self-directed and self-regulated learning in

vocational education: A theoretical analysis and synthesis of requirements」,
〈Journal of vocational education and training〉, 62(4), 415~440.

62) Knowles, M. S.(1975), 『Self-directed learning: A guide for learners and teachers』, 〈Association Press〉.

63) Zimmerman, B. J. & Schunk, D. H.(2011). 『Handbook of self-regulation of learning and performance』, 〈Routledge〉.

64) Pintrich, P. R.(2003), 「A motivational science perspective on the role of student motivation in learning and teaching contexts」, 〈Journal of educational Psychology〉, 95(4), 667.

65) Reeve, J. Ryan, R. M. & Deci, E. L. & Jang, H.(2008) 「Understanding and promoting autonomous self-regulation: A self-determination theory perspective」, 『Motivation and self-regulated learning: Theory, research, and applications』, 〈Routledge〉, 223~244.

66) Jossberger, H. & Brand-Gruwel, S. & Boshuizen, H. & Van de Wiel, M.(2010), 「The challenge of self-directed and self-regulated learning in vocational education: A theoretical analysis and synthesis of requirements」, 〈Journal of vocational education and training〉, 62(4), 415~440.

67) Jossberger, H. & Brand-Gruwel, S. & van de Wiel, M. W. & Boshuizen, H. P. (2015), 「Teachers' perceptions of teaching in workplace simulations in vocational education」, 〈Vocations and Learning〉, 8(3), 287~318.

68) 한국교육개발원, 박효정 외(2011), 「내 공부의 내비게이션 자기주도학습」, 〈교육과학기술부, 한국교육개발원, 대구광역시교육청〉.

69) 송인섭(2006), 『현장적용을 위한 자기주도학습』, 〈학지사〉.

70) 송인섭(2006), 『현장적용을 위한 자기주도학습』, 〈학지사〉.

71) 한국교육개발원, 박효정 외(2011), 「내 공부의 내비게이션 자기주도학습」, 〈교육과학기술부, 한국교육개발원, 대구광역시교육청〉.

72) Lepper, M. R. & Greene, D. & Nisbett, R. E.(1973), 「Undermining children's intrinsic interest with extrinsic reward: A test of the "overjustification" hypothesis」, 〈Journal of Personality and Social Psychology〉, 28(1), 129~137.

73) Morgan, M.(1984), 「Reward-induced decrements and increments in intrinsic motivation」, 〈Review of Educational Research〉, 54(1), 5~30.

74) Ryan, R. M. & Deci, E. L.(2000), 「Self-determination theory and the facilitation of intrinsic motivation, social development, and well-being」,

〈American Psychologist〉, 55(1), 68~78.

75) 잭 캔필드, 마크 빅터 한센(2014), 『마음을 열어주는 101가지 이야기 2』, 〈인 빅투스〉.

76) 이안 로버트슨(Ian Robertson)(2013), 『승자의 뇌』, 〈알에이치코리아〉.

chapter 4

1) 양명희(2000), 「자기조절학습의 모형 탐색과 타당화 연구」, 〈서울대학교 대학원 박사학위논문〉.

2) 양명희(2000), 「자기조절학습의 모형 탐색과 타당화 연구」, 〈서울대학교 대학원 박사학위논문〉.

3) Zimmerman, B. J. & Moylan, A. R.(2009), 「Self-regulation: where metacognition and motivation intersect」, 『Handbook of Metacognition in Education』, 〈New York, NY: Routledge〉, 299~315.

4) Boekaerts, M.(2011). 「Emotions, emotion regulation, and self-regulation of learning」, 『Handbook of Self-Regulation of Learning and Performance』, 〈NY: Routledge〉, 408~425.

5) Boekaerts, M.(1997). 「Self-regulated learning: a new concept embraced by researchers, policy makers, educators, teachers, and students」, 〈Learning and Instruction〉, 7, 161~186.

6) Efklides, A.(2008), 「Metacognition: defining its facets and levels of functioning in relation to self-regulation and co-regulation」, 〈European Psychologist〉, 13, 277~287.

7) Efklides, A.(2011), 「Interactions of metacognition with motivation and affect in self-regulated learning: the MASRL model.」, 〈Educational Psychologist〉, 46, 6~25.

8) Pintrich, P. R.(2000). 「The role of goal orientation in self-regulated learning」, 『Handbook of Self-Regulation』, 〈CA: Academic Press〉, 452 - 502.

9) Pintrich, P. R. & Wolters, C. A. & Baxter, G. P. (2000). 「Assessing metacognition and self-regulated learning」, 『Issues in the Measurement of Metacognition』, 〈Buros Inst of Mental〉, 43~97.

10) Schraw, Gregory(1998), 「Promoting general metacognitive awareness」,

〈Instructional Science〉, 26, 113~125.

11) Flavell, J. H.(1976), 「Metacognitive aspects of problem solving. In L. B. Resnick (Ed.)」, 〈The nature of intelligence〉, 231~236.

12) Zimmerman, B. J. & Schunk, D. H.(2000), 『자기조정학습』, 〈원미사〉.

13) 권성연(2003), 「자기조절학습의 단계와 구성 요인 규명」, 〈이화여자대학교 대학원 박사학위논문〉.

14) Zimmerman, Barry & Bandura, Albert & Martinez-Pons, Manuel(1992), 「Self-Motivation for Academic Attainment: The Role of Self-Efficacy Beliefs and Personal Goal Setting」, 〈American Educational Research Journal〉, 29, 663~676.

15) Flynn, J. R.(1991), 『Asian Americans: Achievement beyond IQ』, 〈Routledge〉.

16) 유경훈(2017), 「초등학생의 자기주도 학습능력, 학업적 효능감 및 학업성취 간의 관계」, 〈한국산학기술학회논문지〉, 18(10), 462~470.

17) Zimmerman, B. J. & Schunk, D. H.(2000), 『자기조정학습』, 〈원미사〉.

18) 권성연(2003), 「자기조절학습의 단계와 구성 요인 규명」, 〈이화여자대학교 대학원 박사학위논문〉.

19) Bandura, A. & Schunk, D. H.(1981), 「Cultivating competence, self-efficacy, and intrinsic interest through proximal self-motivation」, 〈journal of personality and social psychology〉, 41(4), 586~598.

20) 1980년대를 지나면서 학업 성취에 영향을 미치는 요인에 대한 연구 동향이 달라지기 시작하는데 특히 짐머만, 반두라, 로버트 비요크(Robert Bjork), 헨리 뢰디거(Henry L. Roediger), 제프리 카픽(Jeffrey D. Karpicke)이 큰 영향을 미쳤다. 이들의 연구는 '학습의 본질'을 밝히는 최신 연구 동향을 주도하고 있으며, 이 책에서는 이들의 연구를 기반으로 지금까지 알려진 가장 효율적이며 효과적인 학습의 본질에 대해 간략히 살펴볼 것이다.

21) 최준혁 외(2018), 「Interregional synaptic maps among engram cells underlie memory formation」, 〈Science〉, 360, 430~435.

22) Bjotk, Elizabeth & Bjork, Robert.(2011), 「Making things hard on yourself, but in a good way: Creating desirable difficulties to enhance learning」, 『Psychology and the Real World: Essays Illustrating Fundamental Contributions to Society』, 〈Worth Publishers〉, 56~64.

23) Grant, H. M. & Bredahl, L. C. & Clay, J. & Ferrie, J. & Groves, J. E. &

McDorman, T. A. & Dark, V. J.(1998), 「Context-dependent memory for meaningful material: Information for students. Applied Cognitive Psychology」, 12(6), 617~623.

24) Smith, S.(1985), 「Background Music and Context-Dependent Memory」, 〈The American Journal of Psychology〉, 98(4), 591~603.

25) Weiner, Bernard(1986), 『An Attribution Theory of Motivation and Emotion』, 〈Springer〉.

26) Weiner, Bernard(1985), 「An attributional theory of achievement motivation and emotion」, 〈Psychological Review〉, 92(4), 548~573.

27) 이은주(2001)

chapter 6

1) Baumeister, R. F., Bratslavsky, E., Muraven, M., & Tice, D. M. (1998). Ego depletion: Is the active self a limited resource? *Journal of Personality and Social Psychology*, 74(5), 1252 – 1265.

2) Mischel, Walter; Ebbesen, Ebbe B. (1970). "Attention In Delay Of Gratification". 《Journal of Personality and Social Psychology》 16 (2): 329 – 337

잘못된 자기주도학습이 아이를 망친다

© 김성태, 2021

초판 1쇄 인쇄일 2021년 2월 22일
초판 1쇄 발행일 2021년 3월 2일

지은이   김성태
펴낸이   강병철
주간   배주영
기획편집   박진희 권도민 손창민 이현지
디자인   용석재 김혜원
마케팅   이재욱 최금순 오세미 김하은 김경록 천옥현
제작   홍동근

펴낸곳   이지북
출판등록   1997년 11월 15일 제105-09-06199호
주소   (04047) 서울시 마포구 양화로6길 49
전화   편집부 (02)324-2347, 경영지원부 (02)325-6047
팩스   편집부 (02)324-2348, 경영지원부 (02)2648-1311
이메일   ezbook@jamobook.com

ISBN 978-89-5707-893-8 (13370)

잘못된 책은 교환해드립니다.

"콘텐츠로 만나는 새로운 세상, 콘텐츠를 만나는 새로운 방법, 책에 대한 새로운 생각"
이지북 출판사는 세상 모든 것에 대한 여러분의 소중한 콘텐츠를 기다립니다.
email. ezbook@jamobook.com